「シンプル」な選択が自律神経を整える理由

小林弘幸

青春新書
PLAYBOOKS

はじめに――いい流れに乗るための「シンプル」な選択

映画『ラ・ラ・ランド』をご存じでしょうか。2016年にアメリカで公開され、アカデミー賞の監督賞をはじめ、数々の賞を獲得した大ヒット作品なので、ご覧になった方も多いのではないかと思います。

その映画のエピローグに、こんなシーンが出てきます。高速道路で渋滞に巻き込まれ、急遽《きゅうきょ》ハンドルを切って一般道に入った主人公が、通りかかったライブバーで偶然、かつての恋人の姿を目にします。そしてそこから、別の選択を描いた〝たられば〟の映像が、走馬灯のように映し出されていきます。「あのとき、こうしていたら」「ああしていたら」、2人は今こうなっていたかもしれない、という現実には実現しなかった光景の数々です。

私はこの映画を観たとき、**まさに自律神経の話そのもの**だと思いました。映画で象徴的に描かれている道路の分かれ道のように、人間は生まれたときから、常にどちらを選ぶか、岐路に立たされています。1つ選べばその先にはまた岐路があり、枝分かれのように選択が続いていきます。

その選択は、たとえば、朝食はパンにするか、ご飯にするか。訪問先に出向くのに、JRを使うか、地下鉄にするのか。コンビニでの会計を、現金で払うか、ICカードにするか。そうした日常の小さなことから、人生の一大事である就職や結婚に至るまで、まさに**人生は選択のオンパレード**です。

そして、選択の岐路に立ったときに生じるのが、「迷い」です。

30年以上にわたって自律神経を研究してきた私が、みなさんにお伝えしたいのは、情報やモノがあふれ、選択肢が増えている「選択肢過多」の現代では、この**「迷い」こそが、自律神経を乱す大きな要因になっている**ということです。

自律神経が乱れる悪循環は「迷い」から始まる

では、なぜ、「迷う」と自律神経が乱れるのでしょうか。

詳しくは第1章に記しますが、自律神経には、活動するときに働く交感神経と、休息するときに働く副交感神経があり、その2つがバランスを取りながら、心と体の安定を保っています。ところが、**迷うと「決めなければいけない」という行為がストレスになって、交感神経が優位になり、そのバランスが崩れてしまう**のです。決めたら決めたで、迷った末の選択なので、「本当にこれでよかったのだろうか」と不安になって、さらにストレスがかかり、自律神経を乱すという悪循環に陥ります。

よく「魔が差す」といいますが、これは明らかに自律神経の乱れからくる行為です。浮気や不倫などがまさにそうですが、迷った結果、自律神経を乱して「負の選択」をしてしまうのです。

迷うと自律神経が乱れるし、自律神経が乱れれば、いい選択ができなくなってしまいます。たとえば、地下鉄の改札を通ったら、発車のアナウンス音が流れてきた。次の電車を待とうか迷った挙句、電車に飛び乗ったら足首をひねって大変な目に遭ってしまった……そんな話は山ほどあります。

迷わなければ自律神経は乱れないわけですが、現代社会は毎日が選択のオンパレードです。迷わないでいるのは、至難の業《わざ》といっても過言ではありません。
そこで、少しでも迷いを減らして、よりよい選択をするためには、どうしたらいいのか。この本では、そのヒントをみなさんにお伝えしたいと思います。

モノも情報も多すぎるからこそ、選択が重要

この本を書いている私も、かつてはあれもこれもと迷いに迷って、あとから「あのとき、こうしていれば」「ああしていれば」と、反省することばかりでした。そもそも、若い頃は選択の重要性など考えないものです。

でも、50歳を過ぎれば、残りの時間が限られてきます。身近なことでいえば、外出する機会1つとっても必然的に減ってきます。ですから、行きたくもないところに、ただつきあいで行くようなことはしたくない。本当に自分が行きたいと思うところにだけ、行きたいわけです。

そうした限られた時間のなかで、次のスタート地点である60歳からの人生をどう生きるか。それを考え始めたときに、**「あれもこれも」ではなく、できるだけシンプルに、**

選択肢を少なくして「迷い」をなくし、よりよい選択をしたいと考えるようになったのです。

いい選択をすれば自律神経が乱れませんから、心も体も元気になって、いい流れに乗っていけます。

私自身、これまで山ほど「選択」に失敗して、そのたびに「なぜ、失敗したのか」を検証してきました。だから選択をするときには、何が重要なのか、どうしたらよい選択ができるのかもわかっています。

年を重ねて、いろいろな経験をしたからこそ辿り着いた境地ともいえますが、それと同時に、20代の頃から現在のようなシンプルな選択ができていたら、もっといい人生になっていたのではないかと思ったのです。それが、この本を著した理由です。

モノや情報があふれかえった選択肢過多のストレス社会のなかで、少しでも迷いを減らし、よりよいと思える選択をし、安定した心と体の状態を保ちながら毎日を過ごしていくために、本書を役立てていただければ幸いです。

「シンプル」な選択が自律神経を整える理由　目次

プロローグ

「選択」の分かれ道が、人生の分かれ道
自律神経が整う「迷わない」習慣

第1章

「迷い」は自律神経とかかわっていた！

現代人の自律神経が乱れやすい理由

第2章

「選択肢」を減らすとラクになる
身のまわりのモノの「シンプル」な選択

第3章

「自分の軸」をつくれば迷わない
日常生活、人づきあいの「シンプル」な選択

第4章

「最高の体調」で毎日を過ごす
心と体を整える「シンプル」な選択

エピローグ

いい「選択」が、いい人生をつくる
未来をつくる「シンプル」な選択

本文デザイン　ベラビスタスタジオ
編集協力　齋藤優子

プロローグ

「選択」の分かれ道が、人生の分かれ道

自律神経が整う「迷わない」習慣

「迷いがあるか、ないか」でこんなに差がつく

「たかが選択」と思われるかもしれませんが、何かを選ぶときや決めるとき、「迷う」人と「迷わない」人では、まず、日々の過ごし方がまったく違います。

「迷う」人は、行き当たりばったりで毎日を送っています。何の準備もしていませんから、いつも慌ててバタバタしています。何かアクシデントがあったときでも、何1つ決めていませんから、オロオロして時間ばかりがムダに過ぎ、冷静な判断が下せません。

たとえば、その日着ていく服も前もって決めていないので、朝から鏡の前で、ああでもない、こうでもない、と迷います。ましてや、前日からガクンと気温が下がって予想外の肌寒さにでもなったら、「どうしようか」としばし立往生。悩んだ末にクローゼットからしまっていたジャケットを引っ張り出してきて、アイロンをかけたりと大

わらわです。

そうやって服を選んだ日というのは、そのバタバタした気分が消えないので、それ以降の予定にも影響が出てしまいます。慌てて家を出たせいで、スマホを忘れてきてしまったり、そのせいで会社に遅刻したり、会社に着いても落ち着いていませんから、仕事でミスをしてしまいがちです。

何をやってもうまくいかないときというのを、みなさん、一度は経験したことがあるのではないかと思います。電車が混んでいたのでわざわざ別の路線に乗り換えたのに、その電車もまた混んでいた……ということはありませんか？　振り返ると、そういうときは、出がけにバタバタしていたのではないでしょうか。

「迷う」と自律神経が乱れ、自律神経が乱れると、あせって判断を誤りがちになりますから、ロクな選択をしません。

そして、一度流れが悪くなると、途中で修正しようと思っても、なかなかできるものではありません。それは、**自律神経というのは、いったん乱れてしまうと、3～4時間は元に戻らないからです。**

ですから、悪い流れのときに選択を続けていくと、泥沼にハマります。そんなときはジタバタしないで、なるべく動かないようにするのがいちばんです。

朝、着る服に「迷わない」と、1日がうまくいく

一方、**「迷わない」人は、しっかり準備ができているので慌てません。**

たとえ季節外れの寒さに見舞われたときでも、事前に天気予報をチェックして前の晩に着ていくジャケットを用意していますので、少しも慌てることなく家を出ることができます。通勤途中の電車内で、乗り換える電車に遅れが出ているというアナウンスがあったとしても、そういうときは1つ手前の駅で降りて、別の路線を使うとあらかじめ決めていれば、動揺も少なくてすみます。

心と体が安定した状態で仕事に取り組めますから、パフォーマンスも上がります。1日の滑り出しがスムーズだと、その後もすべてうまくいくといっても過言ではありません。

このように、今日来ていく服を、「昨晩選んでいた1日の流れ」と、「朝選んで決め

た1日の流れ」というのは、まったく違います。

そして、日常の選択で「迷い」がある人は、人生を左右するような大きな選択のときでも迷います。

考えてもみてください。日常の小さなことでもバタバタしている人が、大きな選択をするときに、冷静な判断ができると思いますか？　迷ってばかりいるので、選択をするときの基準となる「自分の軸」もありませんから、悩みに悩んだ挙句、誤った選択をしてしまいます。

今日来ていく服を、前の晩から決めている人と、朝になってバタバタ決める人では、人生にもこんなに大きな差がついてしまうのです。

気づかないうちに起きている「選択疲れ」

日常生活は選択のオンパレードです。

「朝、何を着て行こうか」から始まり、「電車で行こうか、バスで行こうか」「喫茶店でコーヒーを頼もうか、紅茶にしようか」「仕事を引き受けるか、断ろうか」「職場の飲み会に参加するか、断ろうか」などなど、常に何かしらの選択に追われています。

情報やモノがあふれている現代社会は、なおのこと、そこに拍車がかかっています。

かつては、モノは店に行ってお金を払って、手に入れるものでした。ところが今は、百貨店や個人店などの実店舗だけでなく、ネット上にも店があります。ネットで買うにしても、驚くほどたくさんの店舗がありますから、まず、店選びでひと苦労。ようやく買う店と商品を決めても、次はカード払いか、振り込みか、代引きかを聞いてきます。さらに、ポイントを使うのか、いつ届けるのか、宅配ボックスに入れるのかなどなど、パソコンやスマホの前で、次から次へと矢継ぎ早に選択を迫られます。

こうした日常がもはや当たり前になってしまっているので、自分が日々、選択にさらされているという意識はないかもしれません。

ですが、これだけ選択肢が多いのですから、気づかないうちに「選択疲れ」を起こしていてもおかしくないのです。そして、「選択」に疲れていると、それがストレスになって、知らず知らずのうちに自律神経を乱し、これから先の人生を決めるような本当に重要な選択のときに、正しい判断ができなくなってしまいます。

そんな**「選択肢過多」の時代だからこそ、日々の暮らしのなかでは、「迷い」をなるべく少なくしておいたほうがいい。**そのためにはどうしたらいいかを知っておけば迷うことがなくなり、自律神経が乱れません。

その結果、心も体も安定した状態を保つことができて、勉強や仕事、プライベートの場面でも、いい結果を出せるようになります。そうして、ここぞという大事な選択でも、「迷わず」正しい判断が下せるようになるのです。

「シンプル」な選択をするための2つのポイント

人間は生まれたときから死ぬまで、日々「選択」の連続。その岐路に立ったときに「迷い」が生じると、自律神経が乱れて判断を誤り、「いい選択」ができなくなってしまうとお伝えしました。

人間のすべての失敗は、「迷い」から始まっています。「迷い」があると、本当にロクなことがありません。「人生、うまくいかないなぁ」と感じているのなら、その原因は「迷い」にあるといっても過言ではありません。

逆にいえば、選択のときに「迷わない」ようにすれば、心と体が安定している状態なので、「いい選択」ができて、人生がもっとうまくいくということです。

では、「迷わない」ためには、どうしたらいいのか。

私自身がたくさん迷って、失敗して、辿り着いた答えは、**「シンプル」な選択をする**

こと。具体的には、**なるべく選択肢を減らす**こと、そして**「選択」をするときの基準となる「自分の軸」を持つ**ことです。

そもそも選択肢が1つしかなければ「迷わない」わけですから、選択肢は少なければ少ないほうがいい。選ぶときの自分なりの基準があれば、進学や就職、結婚という人生の大きな選択のときにも、あまり迷わずに「いい選択」ができて、人生もいいほうに向かうはずです。

次章からは、「迷い」と自律神経のメカニズムを説明したうえで、「迷い」をなくすための「選択肢の減らし方」と、よりよい選択ができるようになる「自分の軸」のつくり方を解説していきましょう。

第１章

「迷い」は自律神経とかかわっていた！

現代人の自律神経が乱れやすい理由

自律神経を乱す3つの要素

どちらかを選ばなければいけないとき、そこに「迷い」が生まれると、自律神経が乱れると記しました。では、なぜ迷うと自律神経が乱れてしまうのでしょうか。

その前に、そもそも自律神経とは何なのかをご説明しましょう。

私たちの体は、1年365日、24時間、肺や心臓、胃腸といった臓器が一生懸命働いて、酸素を取り込み、全身に血液を流し、食べたものを消化吸収してくれています。その働きを自動的にコントロールしてくれているのが、私が長年にわたって研究してきた自律神経です。

この神経には、**活動を促進する、車でいうアクセルのような働きをする交感神経と、休息を促す、ブレーキのような働きをする副交感神経**があります。その2つの神経が、私たちが意識していないところで、アクセルを踏んだり、ブレーキを踏んだりして、うまくバランスを取りながら、心と体の健康を保ってくれているのです。

たとえば、暑いときには、交感神経が活発に働いて、汗をかくことによって体温を調節してくれますし、食事のあとは、副交感神経が活発に働いて、消化吸収を助けてくれます。何より、交感神経が血管を収縮、副交感神経が血管を拡張させているからこそ、全身にくまなくスムーズに血液が流れているのです。

「呼吸」が自律神経に与える影響

私たちが健やかに過ごすためには、交感神経と副交感神経がバランスを取りながら、適切に働いていることがいかに大切か、おわかりいただけたと思います。

そのバランスを崩すといわれているのが、**「感情」「ホルモン」「呼吸」**という3つの要素です。なかでも、私が特にお伝えしたいのが、呼吸です。

みなさんも一度意識してみていただきたいのですが、何かを選択するときというのは、ほとんどの場合、一瞬呼吸が止まっているはずです。選択するときに迷いがあると、「決めなければいけない」というストレスから、交感神経の働きが強くなり、まず呼吸が乱れます。

そして、呼吸が止まったり、もしくは速く、浅くなったりすると、体内に十分な酸素が取り込めなくなります。さらに交感神経が血管を過剰に収縮させてしまうため、血液が流れにくくなります。そうすると、酸素や栄養が、脳やそのほかの器官に十分に運ばれなくなり、冷静な判断ができなくなったり、感情をコントロールできなくなって、誤った選択をしてしまいがちになるのです。

「迷う」と呼吸が止まって、交感神経と副交感神経のバランスが乱れ、判断力が鈍る。

そうすると、間違った選択をしてしまったり、「この選択でよかったのだろうか」という不安が生まれ、また呼吸が止まったり、浅くなって、さらに自律神経が乱れるという悪循環に陥ります。

さらに、2つの神経のうち、**休息を促す副交感神経の働きは、年齢によって低下していく**ことがわかっています。男性は30代から、女性は40代から、加齢とともに急激に低下していきますから、必然的に交感神経が優位になってきます。

「年をとると怒りっぽくなって仕方がない」とよく耳にしますが、それにはこうした年齢による自律神経の変化が関係しているのです。ですから、年をとればとるほど、「迷わない」ことが大切になってきます。

　ただし、近年では新型コロナウイルスの感染拡大の影響で、これまでにない生活の変化や、友人と会えないストレスなどから、自律神経のバランスを崩す10代や20代が増えました。迷いをなくしていくことの重要性は、40代、50代に限らず、若い世代にもいえることなのです。

楽しい「迷い」はあっていい

　もっとも、楽しい「迷い」は、その限りではありません。

「迷うと自律神経が乱れる」と書くと、「えっ、ケーキバイキングでもそうなの？」「ビュッフェに行くと、ワクワクするけれど？」と、疑問に思う人もいるでしょう。たしかに、目の前においしそうなケーキやごちそうが何十種類も並んでいれば、迷うなというのは無理な話です。

選ぶときに、ワクワクするのと、決めなければいけないと思うのとでは、出てくる

ホルモンが違います。そもそも、ビュッフェはどれをいくつ食べてもいいのですから、「選択」にストレスはかかりません。ましてや、ワクワクして幸せホルモンであるオキシトシンが出まくっている状態です。

「どのレストランに行こうか」

「次はどこに旅行に行こうか。パリもいいけれど、台湾もいいな」

こうした楽しい「迷い」はストレスになりませんから、あっていい。迷うことを楽しんでいいのです。

「迷い」が先か、自律神経の乱れが先か

「心・技・体」という言葉があります。武道をはじめ、スポーツ界でよく使われる言葉で、最高のパフォーマンスを発揮するためには、精神力、技術力、体力のバランスが取れていることが重要だという意味です。

自律神経は、３つのうちの「心」にあたりますが、実は「心」だけを整えようと思っても、なかなかなかできるものではないのです。

私はスポーツドクターとして、多くのアスリートにアドバイスをしていますが、「メンタルを強くするには、どうしたらいいでしょうか」と、相談されることが少なくありません。そんなとき私は、「**体・技・心**」の順番で、まずは「体」の調子を整えてくださいい、とお伝えしています。

いくら類《たぐい》まれな技術を持っていても、強靭《きょうじん》な精神力でも、体の調子が悪ければいい

結果は出ません。**まず整えるべきは「体」**なのです。

それは、本書のテーマである「選択」にもいえることです。

人生を左右するような重要な選択は、体調がいいときにするべきなのです。体の調子が整っていれば、馬力がありますから、いろいろなことを調べたり、多くの人に意見を聞いたりできます。血流がよく、脳に十分な酸素やブドウ糖が運ばれていて、集中力も高まっている状態ですから、そうしたたくさんの情報を元に、よりよい選択ができます。

逆に、体調が悪いと、情報を集めることも、人にアドバイスを求めることも面倒臭くなり、「もう、いいや」となってしまい、情報不足などから選択を誤ってしまうことが多くなります。

忙しいときは大事な「選択」をしないほうがいい

忙しいときや慌てているときも同様です。時間に追われて、すでに自律神経が乱れている状態ですから、大事な選択はしないほうがいい。

よく、朝寝坊をしてしまったときに、慌てて支度をしていて、眼鏡をかけたまま顔を洗おうとしたり、眼鏡をかけているのに眼鏡を探したり、信じられないようなミスをすることがありませんか。

忙しいときというのは、仕事が雑になったり、いつも当たり前にやっているチェックをし忘れたり、普段では考えられないようなミスをしがちです。落ち着いているときには、当たり前に聞き流せる言葉にも、いちいちカチンときて、まわりに八つ当たりをしてしまうこともあります。冷静な判断など、とてもできない状態ですから、こんなときに人生の重要な選択などしないほうがいいことは明らかです。

私は、「寝坊したときは、歯磨きだけでも、あえてゆっくり時間をかけて行ってください」といっています。歯磨きなんて、どんなにじっくり磨いたとしても、３分もかかりません。でも、その３分で呼吸が整って、自律神経が安定してきます。

私自身も、「なんだか調子が悪いな」というときは、机の上をいつも以上にていねいに片づけるなど、あえて１つひとつの動作をゆっくり行うように意識しています。

緊張したときに、深呼吸するのもそうですね。私は、「１：２呼吸法」（１で息を吸って、その2倍の長さで吐く）を提案していますが、ゆっくりと深く呼吸することで、副交感神経の働きがアップし、収縮してしまっていた血管がゆるみ、血流がよくなって、心が落ち着いてきます。

よりよい選択をするには、まず、体の調子を整えること。「迷い」があると自律神経が乱れるといいましたが、交感神経と副交感神経がバランスよく働いて、自律神経が整っていれば、「迷い」は少なくなります。

「迷い」と自律神経というのは、表裏一体なのです。

モノや情報に囲まれていることは、本当にいいこと？

昔と今のいちばんの違いは何かといえば、選択肢の多さでしょう。

現代の日本人は、実に多くのモノ、食、情報に囲まれています。〝食〟１つとっても、スーパーマーケットに行けば、和食の材料だけでなく、イタリアンや中華食材のコーナーもあり、すぐに食べられるものから、調味料、生鮮食品まで、ありとあらゆる商品が所狭しと並んでいます。スーパーだけでなく、惣菜店にレストラン、そしてコロナ禍で広がった「ウーバーイーツ」のようなデリバリーもあって、いつでもどこでも好きなときに食事ができるようになりました。

なんて豊かで便利な世の中なのだろう、そう思っている人も多いと思います。

ただ、一見素晴らしいと思えるこの状況も、実は自律神経の面から見ると、あまりいいこととはいえません。なぜかといえば、**選択肢が多ければ多いほど、「迷い」が生**

まれ、それがストレスの要因になるからです。

みなさんも、自分の1日の行動を振り返ってみてください。私たちが日々の暮らしのなかで、知らず知らずのうちに、いかに「選択」を繰り返しているかに気づくはずです。

コンビニでジュース1本買うのにも、「現金で買うのか、ICカードで払うのか、キャッシュレス決済にするのか」「現金なら、千円札を出しておつりをもらうか、小銭で払うか」など、実にたくさんの選択をしているのです。実際、みなさんもレジ前で小銭入れやスマホが見つからず、あたふたした経験はありませんか。いっそのこと、全部キャッシュレスにしてくれればストレスはかからないのですが、まだ日本はそこまで進んでいません。

世の中が「交感神経優位」の状態になっている

新聞、雑誌、テレビ、インターネット、SNSなど、情報を入手する先もとても多い。**現代がストレス社会である最大の要因は、情報が多すぎること。**情報がありすぎるから、ストレスが増える。それに尽きると私は思います。

今、YouTubeやNetflixなどの動画を、倍速視聴する人が増えています。倍速視聴をすること自体は、特段悪いことではありません。時間を有意義に使えますから、仕事でいろいろな情報を得るためには有効だとも思います。

ただ、短い時間で内容を把握するためには、かなり集中して観なければいけませんから、どうしても交感神経が優位になって、緊張状態になります。◯分以内に試験問題を解け、というのと同じことです。しかも、オンタイムでテレビを観るときとは違って、ＣＭやタイトルロールなどもバンバン飛ばしてしまうでしょうから、なおさら交感神経が上がってしまい、これが続くと自律神経のバランスが大きく崩れてしまいます。

そうしたストレスを軽減する方法として、最近では、一定期間パソコンやスマホなどのデジタルデバイスにいっさい触れない「デジタルデトックス」が提唱されています。でも、ふだんから肌身離さず持っているスマホをいっさい見ないというのは、それはそれで不安になって、また別のストレスを生んでしまいますから、私はあまりおすすめしていません。

私自身も、この時間はいっさいネットやスマホを見ない、という時間はつくっていません。観たい動画があれば観ますし、スマホもチェックします。ただし、寝る前だけはネットもスマホも見ないようにしています。寝る前に見ると、交感神経が上がって睡眠を妨げてしまいますから、このときばかりは余計な情報は入れないほうがいいと思います。

モノも情報もあふれている現代は、いってみれば、「世の中が交感神経優位」の状況になっているといえます。

自律神経を乱したくなければ、いっそ無人島に行ってしまえば、最新情報も有り余るモノも無用の長物ですから、迷うことがありません。でも、たいていの人はそんなことはできません。自分が生きている環境を変えられませんから、時代に合った生き方を考えなくてはいけないのです。

そのためには、**自分に有効なモノや情報だけを早めに取捨選択して、ストレスの要因となる「迷い」を少しでも減らして生活していくことが大切**です。

第2章

「選択肢」を減らすとラクになる

身のまわりのモノの「シンプル」な選択

「こうする」と決めておけば、迷わない

私たちが、なぜ迷うかといえば、それは選択肢があるからです。あらかじめ1つに決めておけば、「迷わない」のでストレスになりません。心も体も安定していますから、物事もうまくいきます。

今回のコロナ禍でも、当初は「ゼロコロナ」でいくのか、「ウィズコロナ」でいくのか、軸がはっきりしていませんでした。ですから、私たち医療関係者もみなさんも、どういう対策をとったらいいのか、なかなか決められず、混乱したのだと思います。

たとえば、野球で走者を進める戦術の1つに「犠牲バント」があります。味方の走者を進塁させるためにボールの勢いを殺して、内野にゴロを転がす打ち方です。この犠牲バントにしても、「ボールがインコースにきたら、3塁側に転がそう。アウトコースにきたら、1塁側に転がそう」と思って打席に入るより、「どんな球がきても、絶対

に3塁側に転がす」と決めて打席に立っていたほうが、成功率が高い。

サッカーのＰＫもそうです。ゴールキーパーの動きによって、蹴る方向を変えようとすると、ゴールポストをはずしてしまうことが多くなります。蹴り方や方向も決まっているほうが、失敗が少ないのです。

実は、私にもこんな経験があります。野球部に所属していた中学時代、県大会に出場して、準優勝を果たしたことがありました。その大会期間中の試合でのことです。

同点で迎えた最終回、ノーアウト３塁で私に打席が回ってきました。ヒットを打てば、サヨナラ勝ちの場面。とはいえ、相手は強豪校です。そのとき私は、フォアボールでも何でもいいから、とにかくアウトカウントを増やさずに塁に出ようと、打席に向かいました。そのためには、ボールかストライクか、怪しいところにきたらファウルで逃げて、ボール球を絶対に振らないようにしよう、と。そして、無心でこれを徹底していたら、だんだんピッチャーのボールにタイミングが合うようになってきて、大変な緊張を強いられる場面でもヒットを打つことができ、サヨナラ勝ちをすることができたのです。

自律神経を研究してきた今は、この結果は「どんな状況でもボール球は絶対に振らない」と決めて、迷わないようにしていたからだとわかります。

日常生活でも同じことです。

「トイレに行こうか、どうしようか」ではなく、「少しでもトイレに行きたいと思ったら、どんな状況であれ、必ず行く」と決めておけば、迷うことはありません。洋服だって、1着しかなければ迷いようがないですから、イライラすることもありません。ところが5着あると、どれを着ていこうかとあれこれ迷ってしまい、ストレスがかかり自律神経が乱れます。

私自身も60歳を過ぎましたが、**これからの人生を大切に過ごすためには、あれこれ迷っている時間がもったいない**と考えるようになりました。年を重ねた今だからこそ、選択肢を減らすことの大切さを改めて実感しています。

選択肢は少なければ、少ないほどいい

選択肢が少なければ少ないほど、よりよい選択ができます。そのことを教えてくれる、興味深い実験をご紹介しましょう。

コロンビア大学とスタンフォード大学の教授が行った実験です。とあるスーパーマーケットで、24種類のジャムを並べた場合と、６種類しか置かない場合とで、どちらの売り上げが高いかを調べました。すると、どういう結果が出たと思いますか？

24種類のジャムを並べたほうは、来店した60％の客が試食をし、そのうち買ったのはわずか３％。一方、６種類のほうは、来店した40％の客が試食をし、そのうち30％の人が購入したのです。

一見、たくさんのジャムが並んでいるほうが売れそうなものですが、結果はその逆。むしろ、**選択肢が少ないほうが購買率が高かったのです。**

1000個のなかから1つ選ぶのは至難の業

人間は、24種類のジャムを選ぶとき、どうするのかというと、多くの人がまず半分の12種類に絞ります。さらにそれを6種類に絞って、そのなかからさらに3種類まで絞り、最終的に1種類に決めることが多いのではないでしょうか。

では、24種類のなかから12種類を選ぶとき、どうしているのでしょう。私は、決してよく考えて選んでいるわけではなくて、ほとんど感覚で選んでいると思います。そして、3種類まで絞ってから、そこで厳選する。つまり、最初のうちはアバウトに選んでいることになりますから、24種類のなかから12種類を選んだとき、すでにいいものを落としているかもしれないのです。

そう考えると、いっそ最初から3種類だけでもいいわけです。3種類にしておけば、迷いも少なくてすみますし、選び方も明確になります。

会社で人を選ぶときもそうです。最終面接で新入社員を選ぶとき、24人のなかからもっとも優秀な人材を1人選んで採用するのは、非常に難しい。それより、あらかじめ少人数に絞っておいて、そのなかから選んだほうが、よりよい人材を採用できるのではないでしょうか。

考えてみてください。１０００個の選択肢があったとして、そのなかから本当に自分がいいと思えるものを、たった１つ、選ぶことができますか？　**いくら選択肢があっても、惑わされるだけ**なのです。むやみに時間とストレスがかかって、いい選択などできません。

たくさんの選択肢があるより、選択肢を２つなり、３つに絞っておいて、そこから１つのモノを選ぶほうがいい。「迷い」が減らせますから、自律神経が安定した状態で、よりよい選択ができると思います。

断捨離やミニマリズムも自律神経と関係している

近年、「断捨離」や「こんまりメソッド」、「ミニマリズム」や「シンプリスト」といった、身のまわりのモノを減らす「片づけ」がブームになっています。それは世の中にモノがあふれ、多くの人が、何を捨てて何を残しておくべきなのか、「選択」に迷っているからにほかなりません。

「迷わない」ためには、いかに「迷う」きっかけをなくすか＝選択肢を減らすかが大切だと書きましたが、その方法として、断捨離や片づけはとても有効だと思います。断捨離をした時点で、選択の50％は終わりますから。あとは残しておくのか、捨てるのか、1つずつ減らしていけばいいわけです。そして、身のまわりのモノを本当に必要なものだけにしておけば迷わないので、自律神経が整った状態で日々を過ごすことができます。

アメリカ人女性が、フランスの貴族の家庭にホームステイした体験を綴ったエッセイ『フランス人は10着しか服を持たない』（大和書房）がベストセラーになったのも、片づけがブームになったのと同じ理由からでしょう。暮らしの質を高めるには、洋服は自分のライフスタイルに合ったものが、10着だけあればいいというものですが、これなどはモノを減らすための究極の1冊だと思います。

そういえるのも、実は私自身が服を山のように持っていた経験があるから。かつて勤務していたアイルランドで買ったセーターを、クローゼットに収まりきらないほど持っていて、妻にこっそり捨てられたほどです。

実際、捨てられてもまったく困らない、ほとんど着ていないものばかりでした。洋装店を開くわけでもないのに、着もしない服を後生大事に取っておいても、場所を取るだけで、何の意味もありません。

そうした失敗を経て、50歳ぐらいから、服に限らず、モノを厳選し始めました。身のまわりのモノが少なければ、それだけ「迷い」が減りますし、自分にとって本当に必要なモノかどうか、厳選して買うようになります。ムダづかいも減ってきて、まさにいいことづくめです。

仕事ができる人のデスクまわりは、なぜきれいなのか

私は、3年後の退官日に向けて、大学の教授室の片づけも始めています。退職でも転勤でも、退く日が近づいてから、机を片づけ始める人が多いと思いますが、私は今から片づけを始めています。退官後のステージを見据えながら、デスクまわりのモノを取捨選択していますから、3年前でも決して早すぎることはないと思っています。きっと、退官の1年前には机だけの状態になり、次の人にもスムーズに引き渡せるでしょう。

私の経験上いえることですが、仕事ができる人というのは、もれなくデスクまわりがきれいです。「片づけ」ができていて、机の上がスッキリしているということは、やるべきことと、やらなくていいことの整理が、頭のなかできちんとできているということ。**デスクまわりがきれいだと自律神経も整い、心も体も安定してきますから、仕事のパフォーマンスも上がります。**

ところが、散らかっていると、自律神経は乱れてばかりです。

たとえば、重要な書類を上司から手渡されたときのことを考えてみてください。その瞬間、どこに置くかという選択があるはずなのです。整理整頓ができない人というのは、あとでしまう場所を考えようと、何気なくポンと机の上に置いてしまう。そうこうするうちに、電話がかかってきたり来客があったりして、気づけば書類の山のなかという状態に陥ってしまいます。

そうなると、その書類が必要なときにすぐに見つからず、どこに置いたのだろうとあちこちを探す羽目になってしまいます。置き場所なんて、５分もあれば整理してつくることができるのに、その５分を後回しにしたがために、１時間も２時間も探してムダな時間を費やすことになってしまいます。

整理整頓ができている人は、重要な書類をどこに入れておくか、あらかじめ決めてありますから、迷わずそこにしまうことができます。必要になったときも、入れてある場所がわかっているので、迷うことなくサッと取り出すことができます。

名刺の管理などもそうです。どういうふうに整理しておくと、自分にとって使いやすいか。ファイリングするのか、パソコンで管理するのか、職業別に分類しておくのか、アルファベット順か。ルールを決めて整理しておけば、相手の連絡先が必要になったときも、1分もあれば出てきます。ところが整理ができていないと、丸1日探してもとうとう連絡先がわからなかった、ということがあるわけです。

整理ができていないと、探す時間がムダになるのはもちろん、あたふたと書類を探すことで、交感神経が上がってしまいます。そうすると、血流が悪くなり、集中力が低下して、その後の仕事にも悪影響が出てきます。

散らかっていること自体もストレスになる

片づけが大切な理由は、それだけではありません。

心も体も元気なときは、エネルギーに満ちあふれていますから、机の上が多少散らかっていても気にならず、集中して仕事に取り組むことができます。

ところが、「気圧のせいでなんとなく頭が重い」「通勤途中でアクシデントがあった」「朝食をとりそこなった」など、少しでも自律神経が乱れている状態で出社すると、デスクまわりが散らかっていることが思った以上にストレスになって、その日の仕事のパフォーマンスが落ちてしまうのです。

ですから、私は、必ず自分のデスクまわりを片づけてから、帰るようにしています。会社に限らず、家でも同じこと。スマホはここ、鍵はここ、と決めておく。「帰宅したら、カードは必ずここに置いておく」と決めておけば、洋服のポケットに入れたまま洗濯をしてしまうような失敗もありません。

自律神経を乱さないためには、断捨離をしてモノを減らしたり、整理整頓することが、とても大切なのです。

モノ選びの基準は「シンプル・イズ・ベスト」

私のモノ選びのモットーは、「シンプル・イズ・ベスト」です。

若い頃は、着もしない服を山のように持っていたと書きましたが、今は、ワイシャツは白、スーツも靴も黒と決めていて、それしか買いません。茶色の靴は1足も持っていません。

なぜなら、白と黒ならオールマイティだから。すべて白と黒ならどのスーツにどのワイシャツを合わせても決まりますから、コーディネートにも迷いません。

また、黒いスーツに白いワイシャツを着ていれば、結婚式だろうが、パーティだろうが、お葬式だろうが、どんな席でも対応できます。もし、急にお通夜に参列することになっても、コンビニで黒いネクタイを1本買えばすむわけです。

ところが、青や赤のワイシャツやカーディガンを着ていたら、そうはいきません。

会社に喪服を一式置いておけばいいのかもしれませんが、モノが増えてスペースを取り、それがまたストレスになります。

アップル社の元CEO、スティーブ・ジョブズが、トップスをいつも黒のタートルネックと決めていたのも、フェイスブックの創業者、マーク・ザッカーバーグが、いつもグレーのTシャツやパーカー姿なのも、まったく同じ理由からだと思います。**服選びに迷うことがないですから、自律神経を乱さず、重要なときに最高のパフォーマンスで仕事ができます。**

それに、『フランス人は10着しか服を持たない』にあるように、シンプルにしておけば、本当のおしゃれが確立できると思います。同じ黒いスーツに白いワイシャツでも、ネクタイを変えたりスーツにポケットチーフを入れるだけで、雰囲気はグッと変わります。

女性の場合、さすがに黒と白ばかりというわけにはいかないと思いますが、自分のスタイルを決めておく。グレーならグレー、ブルーならブルーと、ベースにする色やデザインを決めておけば、あれこれ持つ必要はなくなるのではないでしょうか。

洋服は「買い足す」よりも「買い替え」る

また、スーツなど長く着たいものと、そうでないものとでは、選び方も変えています。Tシャツは消耗品だと考えていますから、年のはじめに7枚ぐらいまとめて買って、それを1年間着倒します。1年間着ていると年の瀬にはだいたい傷んできますから、それを全部捨てて、また年始に7着買い足すという具合です。

そうしていると、服が増えることはありませんから、クローゼットのなかはいつもスッキリして気持ちがいい。スーツにしても、最新スタイルのものを新たに買い足そうとは思いません。スーツのデザインなど、せいぜい肩パッドが入っているかどうかぐらいで、20年前とそれほど変わっていませんから。

洋服に限らず、カバンの中身もいたってシンプルです。余計なモノはいっさい入っていません。仕事用のタブレットにスマホ、財布、手帳、ハンカチと、必要最低限のものだけです。

便利なもの、新しいものを追いかけすぎない

家電選びに関しても、「シンプル・イズ・ベスト」です。いかにシンプルで、ストレスなく使えるかを基準に選んでいます。

最近は、オーブンレンジにしても、掃除機にしても、これでもかというほどいろいろな機能がついていますが、私は余分な機能がついているものは買いません。

トースターなら、パンが焼けたらポンと出てくるだけで十分。掃除機だってゴミが吸えればそれでいいですし、テレビも観れて録画さえできればそれでいい。頼んでもいない番組を、勝手に録画してくれなくてもいいのです。そもそも、あれこれ機能がついていても、実際のところ使うのは１つか２つ。ほとんどの機能は使っていない、という人のほうが多いのではないでしょうか。

それに、余分な機能がないもののほうがストレスなく使えますし、シンプルな分、壊れにくく、長持ちもすると思います。**買い替えどきは、今使っているものが壊れたとき。**たとえば、新しい iPhone が出たから、話題になっているからという理由で買い

足すことはしません。私にとってスマホは、電話ができてメールがチェックできれば十分です。

常に新しいもの、便利なものを求め続けることをやめれば、ほかのもっと大切なことに、お金や時間を使えるはずです。

若いうちに「一生モノ」を選べば、ムダがない

もし、20代に戻れるなら、私には買いたいモノがあります。それは、「一生モノ」の時計と万年筆。この２つは、若いときから一生モノを選んでおけばよかったと、今になって後悔しています。

現在、私が愛用しているのは、「グランドセイコー」という国産ブランドの時計です。海外の超高級ブランド時計のような派手さはないのですが、シンプルで使いやすく、しかも壊れにくい。だからこそ、一生使えます。医師になって最初に給料をもらったときに、この時計を選んで買っておくべきだったと、つくづく思います。

これも、やはり失敗の経験から学んだことです。

それこそ若い頃は、使いやすさなどそっちのけで、多彩なブランドのいろいろなデザインの時計を、次から次へと買ってコレクションしていました。でも、今となって

は、どの時計もまったく使っていませんから、どれだけムダなお金を使ったことでしょう。

万年筆もそうです。いろいろな種類のペンを何本も買うのは、ムダです。ペン先にしても、キャップにしても、グリップにしても、自分がいちばん使いやすい、手に馴染みやすいものを1本だけ選んで、一生使っていくのがといいと思います。買ったときは高価でも、メンテナンスをして使い続ければ、決して高い買い物ではないのではないでしょうか。

若いときは、「一生モノ」の価値はわからないものです。いいモノを1つ買って長く使うよりも、いろいろなデザインのモノを、あれこれ楽しみたい人が多いでしょう。

洋服のような消耗品は、それでも構いません。でも、だからこそ、**時計と万年筆だけは、少しでも後悔のないよう、20代のうちに一生使えるものを選んで使い続けてほしいと**、経験者として思います。

ちなみに、**私のいう「一生モノ」というのは、値段が高いものではありません。**

私の部屋には、25歳のときに買った1枚のポスターが、額に入れて飾ってあります。

このポスターは、かれこれ40年近く、どこに引っ越そうが、必ず一緒に持っていきました。学生時代にどこかで見つけて買ったものなので、せいぜい５０００～６０００円ぐらいだったと思います。それでも気に入っていて、見るたびに「いい買い物をしたなぁ」と思っています。

本当に大切なものを見極めるヒント

自分がこれまでどういう生活をしてきたのか。そして、**これからどうやって暮らしていきたいのか。**それがわかっているからこそ、有意義にモノを減らすことができます。そうでないと、何を捨てて、何を残しておくべきか、判断が難しいので、断捨離などとてもできないと思います。

残すものばかりが多くなって、結局たいしてモノを減らせなかったり、逆に清水の舞台から飛び降りるつもりで断捨離したら、必要だったものを捨ててしまった、なんてこともあるでしょう。

では、本当に必要なものだけを残すには、どうしたらいいのでしょうか。洋服を例にとってお伝えしましょう。

まず、クローゼットのスペースを半分に分けて、左側に絶対に着るだろうと思う服を、右側に着ないだろう、捨ててもいいだろうと思う服を、分けてかけておきます。それを1年間続けてみて、それでも着なかった右側の服を処分する。

その場で判断するのは難しいので、自分に1年間の猶予を与えるのです。そうすると、捨てていい服と残すべき服がはっきりしてきますから、着ない服を残しておいたり、その後着る機会があったのに捨ててしまったりという失敗がなくなります。本当に必要な服だけしか並んでいませんから、クローゼットを開けたときもスッキリしていて、ストレスを感じることがありません。

よく着る服を、あえて着ないようにしてみる

そして、もう1つ、こんな方法もあります。

左側にかけたよく着る服を、3カ月間なら3カ月間と期間を決めて、あえて着ないようにしてみるのです。誰しもそうだと思うのですが、1年間着ないといっても、それはほかに着る服があったからで、それしか着られないような環境にしてしまえば、着ない服も工夫して着るようになります。そうすると、自分が似合わないと思い込ん

でいた服でも、会社に着て行ったら、同僚に似合うといわれたり、案外新しい発見があったりするものです。

服に限らず、たとえば株などでも、このまま持っておくか、解約するか、悩むものがあると思います。そういうときは、半年なのか1年なのか、期限を決めておくといい。たとえば1年経っても株価が上がらなかったら、解約すると決めておく。そうすることによって、本当に必要なものだけが残ります。

迷ったときに期限を設けて決断するという方法は、モノを減らすときに限らず、人生の大事な選択をするときにも有効です。

コロナ禍で新たに増えた選択肢

モノや情報があふれている今だからこそ、より選択肢を少なくし、「迷い」を減らすことが大切だと書きました。その選択肢はこれから先、もっともっと増えていくと思います。

記憶に新しいところでは、コロナ禍を契機に、ＺＯＯＭやリモートワーク、オンライン授業など、働き方や学び方の幅が広がり、選択肢が増えました。一度はやってみないとわかりませんから、私自身もすべて経験しました。そのうえで、ＺＯＯＭでの取材は受けないと決めました。

ＺＯＯＭをやってみて感じたのは、「気持ち」が伝わらないということです。打ち合わせや会議なら、用件が伝わればいいわけですから、ＺＯＯＭでも問題はないと思います。でも、取材は自分の考えや思いを相手に伝えることが第一です。それが、実際に面と向かっていないと難しいということが、何回か経験して身に沁みました。

そのうえ、手元にたまっている仕事があるときなどは、画面上ではつながっているものの、離れた場所にいますから、どうしても内職をしたくなってしまいます。でも、取材のときにほかの仕事をするのは相手にも失礼ですし、こちらの受け答えも「それでいいんじゃないですか」などと、いい加減になってしまいがちです。ですから今は、ZOOMでの取材依頼が来たら、申し訳ないのですがお断りするようにしています。

今後も、こうした新たなサービスやツールが次々と登場してくると思います。私のように「ZOOMでの会議はOKだけれど、取材は受けない」など、**その都度試してみて、選択肢を減らしていく必要がさらに出てくる**でしょう。

第3章

「自分の軸」をつくれば迷わない

日常生活、人づきあいの「シンプル」な選択

生きることは「自分の軸」をつくっていくこと

繰り返しになりますが、日常のモノ選びから、就職や結婚といった一大事まで、私たちの一生は、「選択」という〝修行〟に追われています。選択に迷いながら選んで後悔しても、休む間もなく、次の瞬間にはまた選択のときがやってきます。

ですから、**たとえ選択に失敗したと思っても、そこで終わるのではなく、「なぜ失敗したのか」を検証することがとても重要**です。そして、その失敗と検証を積み重ねていくことで、選択をする際の自分なりの「軸」ができてきます。選ぶときの根拠となる「自分の軸」を持っていれば、迷いを遠ざけてくれますから、自律神経を乱すことなく、よりよい選択ができるようになります。

では、どのように「自分の軸」をつくっていけばいいのでしょうか。

いちばん大切なのは、**世間の価値観や他人の評価ではなく、「自分がどうしたいのか」**

を考えることです。

たとえば、３つの会社に就職の内定をもらっているけれど、どこに行こうか決めかねているとしましょう。そのとき考えるべきなのは、自分が何をいちばんの目的として働きたいか、です。お金なのか、スキルアップなのか、人間関係なのか。そのうちの１社が、知名度の高い大手企業であれば、親や友人はそこをすすめるかもしれません。

でも、選ぶ基準は、あくまで自分が働く目的です。少しでもスキルアップしたいと思うなら、親や友人が何といおうと、規模は小さくても、いろいろな仕事を任せてもらえる会社を選べばいいでしょう。お金を稼ぐのが目的であれば、たとえ通勤時間がかかっても、少しぐらいオフィスが古くても、いちばん給料がいい会社を選べばいいのです。

結婚相手を決めるのも同じことです。性格なのか、ルックスなのか、経済力なのか。自分が相手にいちばん求めているものは何かを考えて選べばいいと思います。あれもこれもと欲張ると失敗します。経済力を求めているのであれば、仕事が忙しくていつも帰りが遅くても、「もっと家にいてほしい」などと多くを求めないことが肝心です。

大谷翔平選手の〝今〟をつくった「選択」

ここ数年、メジャーリーグの大谷翔平《おおたにしょうへい》選手が、目覚ましい活躍を見せています。アメリカへ渡ったとき、彼はなぜ20球団以上からオファーを受けながら、ロサンゼルス・エンゼルスを選んだのでしょうか。ニューヨーク・ヤンキースや同じロサンゼルスのドジャースといった名門に比べて、日本人には馴染みの薄い球団です。しかも、近年の成績も芳しくありません。もっと強いメジャーな球団を選べばいいのに、と感じた人も多かったのではないかと思います。

実際、真っ先に獲得に名乗りを上げたのはヤンキースでした。金銭面でも最高の金額を提示しました。ところが大谷選手は、いちばん最初に候補からはずしました。なぜかといえば、彼が球団を選ぶ基準にしたのが「投手と野手の二刀流を継続させてくれるチームであること」、そして「西海岸のチームであること」だったからです。これが大谷選手の球団選びの「軸」です。そう決めていたからこそ、最高金額を提示されても、ブレることはなかったのです。

彼ほどの実力があれば、ヤンキースに入団したとしても、スター選手になっていたことでしょう。しかし「自分の軸」をしっかり持っていたからこそ、今、二刀流の選手として大活躍しているのではないでしょうか。

残念ながら、私が20代の頃は、大谷選手のようなきちんとした「自分の軸」は持ち合わせていませんでした。ですから、「やめておけばよかった」と思うような選択ばかりをしてきましたし、ストレスを感じることも多かった。

これもいわゆる〝修行〟ですから、若い頃は少しぐらい失敗したほうがいいのかもしれませんが、それでも失敗は少ないに越したことはありません。私が今のような「自分の軸」を持って選択をしてきていたら、もっといい人生になっていたと思いますから、みなさんには、早いうちに「自分の軸」を見つけて、少しでもいい選択をしてほしいのです。

また、「自分の軸」を持って選択をしていれば、たとえ思うような結果が出なかったとしても、「自分で決めたのだから仕方がない」と諦めがつきます。小さな会社に入って、たくさんの仕事を任され、なかなか定時に帰ることができなくても、自分が選んだ会社なのだから、と割り切れます。なんでこんなに忙しい会社に入ってしまったのだろうと、モヤモヤすることもありません。結婚して、パートナーの仕事が忙しくてなかなか一緒に過ごす時間がとれなくても、自分が仕事好きの人を選んだのだから仕方がないと諦められます。

「自分の軸」をつくれば、選ぶときに悩んだり迷うことは少なくなりますし、どんな結果になっても、「自分が決めたことだから」と納得できますから、自律神経を乱すことが少なくなるのです。

「小さな選択」を繰り返すことの効果

喫茶店に入ったら、コーヒーを頼むか、紅茶にするか。訪問先に向かうときに、JRにするか、地下鉄にするか——毎日の小さな選択は、あらかじめ「これ」と決めておきましょう。そうすれば迷いがなくなるので、自律神経も乱れず、いい流れで1日を過ごすことができます。

コーヒーか紅茶かなんて、些細《ささい》な選択だと思うかもしれませんが、それが就職や結婚といった人生を左右するような大きな選択のときに大事になってきます。

考えてみてください。喫茶店で飲み物1つなかなか選べない人が、大きな選択の場面に出くわして、迷わずにいい選択ができると思いますか？　日常の選択もままならないのに、人生を左右するような選択のとき、迷わず冷静に正しい判断を下せるでしょうか。

日常の選択は「究極の選択」のための〝準備運動〟

たとえば、東京メトロの国会議事堂前駅から御茶ノ水駅に行くには、いくつかの選択肢があります。千代田線で行くのか、丸ノ内線を使うのか、それとも四ッ谷駅まで丸ノ内線を使って、JRに乗り換えるのか。それならこの3つをすべて試してみて、いちばんいい方法を見つけて、これからはこの方法で行くと決めておけば、次回からは迷わずに行けます。

選択肢がいくつかあったら、まず試してみて、違うと思ったら、もう1つの方法を試して、いちばんいい方法を見つけていく。そういう選択を日頃から繰り返して訓練しておけば、意識づけができていますから、それこそ、就職先をどこにするか、転職すべきか、今の会社で頑張るか、この人と結婚すべきかどうかなど、本当に大きな選択のときに、その経験が生きてきます。

家電を選ぶときは、このサイトの情報をチェックして、できるだけ機能が少ない仕組みが簡単なものを優先して選ぶ。そういう選択の軸ができている人は、たとえば家や車など大きな買い物をするときにも、失敗が少なくなります。

人生は選択のオンパレードです。そのなかには、進学、就職、結婚、転職など、人生の決めどころとなる「究極の選択」があります。そういう大きな選択をするときのためにも、些細なことと思われるような日常の選択で〝準備運動〟をして、その意識づけをしておくことが重要なのです。

迷ってしまうのは「期待」があるから

何かを選択するときに「期待」してしまうと、それが迷いになって、よりよい選択ができなくなってしまいます。

買い物をするときでも、**「もっといいものがあるのでは？」「ほかの店に行けば、もっと安く買えるのでは？」と期待してしまうと、あれこれ迷って、結果的にババをつかんでしまうなど、あまりいい結果が得られません。**

株の売買など、いい例でしょう。専門家から話を聞くと、「ちょっとでもプラスになれば十分」「損しなければいいや」という感覚でやっている人は、絶対に損をしないそうです。一方、一攫千金《いっかくせんきん》を狙っている人、株で大儲けしたいと思っている人は、大損することが多いといいます。

うまい人というのは売りどきを決めていて、たとえば１株９３０円で買ったものが

１０００円になったら、状況がどうあれ機械的に売ってしまう。そして９３０円よりも下がったときにまた買う、という方法を繰り返す。そういう銘柄を５つぐらい持っていれば、相当儲かるそうです。

ところがダメな人というのは、９３０円が１０００円になると、もっと上がるのではないかと期待して、待ってしまいます。そして実際に上がると、もっと上がるかもしれない、と期待値がどんどん膨れ上がっていく。売ろうか売るまいか迷っているうちに、結局売りどきを失って、あれよあれよという間に株価が下がってしまい、大損するというパターンが多いそうです。

また、「儲けたい」という期待が大きいと、仮に１０００円で手放しても、「もうちょっと売るのを待っていればよかった」と、ちゃんと儲かっているにもかかわらず、後悔してしまいます。でも、１０００円になったら売ると決めていれば、「自分でそう決めたのだから」と納得できます。そこからさらに上がったとしても、悔やむことはありません。

家の売買などもそうですね。専門家でもないのに、常に「儲けたい」「得したい」と、ほかと比較して一喜一憂していると、買ったときよりも高い値段で売れて、得したにもかかわらず、「もっと高い値段で売れたかもしれない」と後悔し、ストレスになってしまいます。

「諦め上手」になれば自律神経が乱れない

モノを買うときだけではありません。仕事や人間関係でも、期待をすると自律神経を乱してしまいます。

「仕事で認められたい」「あの人によく思われたい」と思ったことはありませんか。でも、それは相手に対する期待です。頑張って仕事をして、実際に上司に認めて褒めてもらえたら、それはそれで素晴らしいことですが、期待に応えてくれる相手は他人や組織です。いくら頑張っても、社内事情などで思うような結果が得られないこともあるでしょう。

そうすると、「なんでこんなに頑張っているのに、認めてくれないのだろう」と不満が生まれたり、「いったい私のどこがダメなのだろう」「どうしたら、もっと認めてくれるのだろう」と悩んでしまいます。でも、それは上司や会社に認めてほしいと期待しているからです。

　あなたが上司なら、仕事が上手にこなせない新入社員に、「どうして、こんなミスをするのだろう」と頭を抱えることもあるでしょう。新人にしっかり仕事をしてほしいと期待しているから、イライラするのです。でも、私の経験上、そうした相手への期待は裏切られることのほうが多い、いや、ほとんど裏切られるといっても過言ではありません。ですから、新人とはこんなものだと思っていれば、自律神経を乱すことはないのです。

「期待しない」というと、消極的だと思う人もいるでしょう。でも、期待をするから、ショックを受けるのです。**期待をしなければ、裏切られることもありませんから、迷いやストレスは生まれません。**心も体も安定した状態でいられますから、集中力も上がって、結果的にいい仕事や、いい買い物ができるようになるのです。

どこで「見切り」をつけるかを決めておく

自分でいいと思って選んだものでも、実際に使ってみると、思ったほどの効果が得られないということがあります。そういうときは、それを使い続けるよりも、ある程度のところで「見切り」をつけることが必要です。

私は長年、ゴルフを趣味にしています。ゴルフというのは、何より道具が肝心。自分に合った道具を選んでいれば、うまくいくスポーツだと思っています。ですから、ドライバーにしてもパターにしても、使っていていいスコアが出なければ、早めに別のものに買い換えます。せっかく新調したばかりなのだから、お金がムダになるからと思って使い続けていても、かえって時間のムダです。何より、いいスコアが出せなくてストレスがたまります。

自分に合っていると思って選んだものの、5回に1回しかいいスコアが出せない、つまり5分の4は、満足のいくスコアが出せないのだとしたら、それをいつまで使い続けていても意味がありません。期限を区切って、たとえば「1年間使ってみて、やはり思うようなスコアが残せないのであれば、買い替える」というようにしていかないと、なかなか上達しません。もったいないと思うかもしれませんが、昨今は中古のゴルフ用品を専門に扱っている店も多いですから、そういうところに買い取ってもらえば、案外とムダにならないものです。

別の道を選ぶのも、1つの選択肢

「見切り」をつけること、つまり「諦める」ことは、人生の選択でも大切です。

役者を目指しているけれど、なかなか役がつかず、芽が出ない。「自分は役者に向いていないのかもしれない」とどこかで気づいていても、「いつか、花開くかもしれない」と淡い期待を抱いてしまい、なかなか夢を捨てきれないものです。

でも、そもそも役者として成功する人は、ほんのひと握りです。ほとんどの人は芽が出ないといっても過言ではないのですから、本当は第三者が「もう、見切りをつけたほうがいいよ」「別の道を考えるべきときだよ」と助言してくれるのがいちばんなのですが、そういう人はなかなかいないものです。結局、一縷《いちる》の望みにしがみついて、ダラダラと続けてしまうのです。

つらいときというのは、「今、このときがいちばんつらい」と思いがちですが、**選択を誤ってしまうと、その先にはもっとつらい時間が待っています。**どこかで「見切り」をつけないと、本当につらさが増します。ですからできるだけ早めに「見切り」をつけたほうがいいのです。

こっちの道でダメだと思ったら、別の道を選択して能力を発揮したほうが、期待してずっと待っている人生より、よほどクリエイティブではないでしょうか。

今の若い人たちは、「見切り」が早いですから、逆にわかっていると思います。情報も多いし、人材不足で就職先も引く手あまたですから、ダメだと思ったらすぐに会社や職種を替えます。親世代にとっては「コロコロ会社を替えて」「また仕事を替えて」と心配の種かもしれませんが、私はそれでいいと思います。

「どれだけ待つか」という期限をつくる

もちろん、「待つ」というのも1つの選択肢です。

たとえばプロ野球の球団にスカウトされたものの、なかなか一軍に上がれない。それでも腐らずに、二軍で一生懸命練習していたら、一軍選手のケガでチャンスが巡ってきて、見事レギュラーの座を獲得した、などという話もよく耳にします。

でもそのためには、いつ、何がきたときでも、結果を残せるように準備をしておくことが、何より大切です。しかも準備をしていたからといって、必ずそういうチャンスが巡ってくるかといえば、そうとは限らない。運を天に任せるしかありません。

ですから「待つ」ときも、ただ待ち続けるのではなく、期限を決めておくといいと思います。期待をするとチャンスがこなかったときのショックが大きいですから、期待をしないで、もう1年だけ所属球団で頑張ってみる。それでもチャンスがこなかったら、レギュラーになれなかったら、「見切り」をつけてほかの球団を探してみる、あるいはコーチの道へ進むなど、ほかの道を選択するといいと思います。

「見切り」をつけるときは、そこでただ「諦める」のではなく、「見切り」をつけたあとにどうするのか、その先のことを考えておくことが重要です。そうやっていけば、人間、案外といい人生になるものです。

自分の「選択」を人のせいにしない

仕事でもプライベートでも、自分が思うようにいかないと、つい「期待を裏切られた」と感じてしまいます。でも、それは「期待を裏切られた」のではなく、期待を裏切られるような流れに自分が持っていっているのです。

選択をしているのは、ほかでもない自分です。その選択が間違っていたとすれば、それは自分の誤りなのです。

たとえば、会社で評価されないと、「自分はこれだけ一生懸命仕事をしているのに、なんでロクな仕事をしていないあいつが先に昇進するんだ」「自分が出世できないのは、上司が無能なせいだ」などと、つい会社や上司のせいにしがちです。でも、そう思っているうちは、ストレスで自律神経は乱れる一方ですから、人生はなかなかいい方向にはいきません。

そもそも、世の中のせいだ、人のせいだと考えること自体、他人に自分の人生を左右されている証拠です。自分の人生を人にダメにされることほど、もったいないことはありません。

煎《せん》じ詰めれば、自分を評価してくれない会社を選んでいるのは、自分自身です。やめることもできるのに留まっているのは、自分の選択です。

「会社が自分を必要としてくれるなら昇進するだろうし、そうじゃなければ仕方ない」と割り切って、自律神経を乱さず、自分がやるべきこと、やりたいことを選択してやっていくほうが、はるかにいい人生を送れるでしょう。

「やること」と「やらないこと」を決める

選択の基準は、年齢とともに変わっていきます。

今の私は、仕事を「引き受ける」より、「断る」ことのほうが増えました。時間に制約がある以上、どうしてお断りせざるを得ないものが出てきてしまうのです。

とはいえ、最初からそうだったわけではありません。

私は、便秘外来がきっかけで、50歳の手前ぐらいからテレビの出演依頼が増えました。最初のうちは経験がないですから、さまざまな番組からのオファーを引き受けていました。でも、テレビはとにかく収録時間が長い。撮影に時間がかかったわりに、使われた映像はたったの5分だけ、ということも多々ありました。

当初はまだまだ自律神経の大切さは知られておらず、一般的には「言葉は聞いたことがあるけれど」という程度の認知度でした。ですから、１人でも多くの人に知ってもらいたいという強い思いがありましたので、時間が許す限りオファーを引き受けていたのです。

でも、今はおかげさまで、自律神経の大切さがだいぶ浸透してきました。また、当時とは状況も大きく変わっています。そこでこれまでの経験から、自分のなかで出演するテレビ番組を決め、それ以外はよほどのことがない限りお断りするようにしました。オファーがきても秘書は私にいちいち確認する必要がないので、仕事もスムーズに進められます。

若い頃は、1人でも多くの人と出会って、いろいろなことを経験して、時には嫌なことに直面したり、苦労することも大切だと思います。そうした経験をしていくなかで、選択する目も養われていくでしょう。

ただ、年齢を重ねたら、選択の軸もできていますから、その必要はありません。何より、これから先の時間が限られているのですから、あらかじめ「やること」と「やらないこと」をしっかり決めておくことです。

判断するときに「感情」はいらない

物事を決めたり判断するとき、いちばん重要なのは、明確な根拠を持つことです。そしてその根拠は、科学的なものでないといけません。**選択する際に感情や感覚が入ると、自律神経が乱れ、判断を誤りがちになります。**

たとえば、競馬の馬券を買うときのことを考えてみてください。当たる確率の高い１番人気、２番人気を買うのも１つの選択肢だし、確率は低いけれど少ない投資で大儲けしたいなら、大穴を買うというのも１つの選択肢だと思います。

そこには、ちゃんと根拠があります。消去法で選ぶのも、そこに根拠があればいいと思います。でも、「この馬券、なんかきそうだな」と感覚で買うのは、それこそギャンブルです。プロならあらゆる情報を仕入れて分析していますから、馬券もいろいろな買い方があると思いますが、素人はそうしたことはわからないのですから、そのどちらかに賭けたほうがいい。本当に当てたいのであれば、1番人気、2番人気を買うべきです。

株を買う、不動産投資をするといったときも、銀行はメリットばかりをいってきます。デメリットにはいっさい触れず、いいことしかいわないと思っていたほうがいいでしょう。そこで、相手のいうことを鵜呑《うの》みにせず、1つの銀行だけでなくほかの銀行にも同じように聞いてみるなど、もうワンステップ踏んでおくと、根拠がより明確になります。

よく「直感で決めた」という人がいますが、それは感覚で選ぶのとは違います。直感というのは、それまでの学びや経験を積み重ねて養われた感覚なので、根拠がまったくないわけではありません。ただ、そこまで明確なものではないですから、失敗もあるでしょう。**いかにしっかりとした根拠を集められるかが重要になってきます。**

「好き嫌い」で決めるのはギャンブルのようなもの

いちばんしてはいけないのは、「感情」を持ち込むことです。物事を判断するときは、

「好き嫌い」の言葉が出てこないようにしなくてはいけません。

仕事を引き受けるときに、担当者に対して「好き嫌い」の感情を抱いてしまうと、それだけで自律神経に影響します。

たとえば、つきあいの長い取引先から、ややこしい案件を頼まれたとします。本当は引き受けたくないのだけれど、日頃お世話になっているから、断りにくい」などといった理由で引き受けてしまうと、たいてい面倒なことになって、あとから「引き受けなければよかった」と後悔する羽目になります。そうなると、「こんな案件を押し付けてきて」と、せっかくこれまでよかった関係性にヒビが入ってしまう可能性だってあります。

私なら、どんな好ましい相手から頼まれようと、引き受けたくない案件なら、最初から断ります。仕事を引き受けるときに、対人関係がどうのこうのという判断材料を導入してしまうのは、ある意味ギャンブルも同然ではないでしょうか。

断って関係が悪くなるのなら、それは、そこまでの関係性だったということ。かえってよかったと思ってください。本当にこちらの仕事ぶりを評価してくれているのであれば、仮にその仕事を断ったところで、別の案件で声をかけてくれるでしょう。そもそも、ほかの人に断られ続けてきた案件の可能性だってあるのですから、対人関係を考えて、貧乏くじを引く必要はありません。

引き受けると、どんなメリットがあるのか、デメリットがあるのか？　判断する根拠は、感情や感覚を入れず、できるだけ明確にしておくことです。

１日寝かせてから決める

仕事を受けるか、断るか。会合に出席するか、欠席か――私は大事な選択をするときは、１日待って返事をするようにしています。

食事やパーティへの誘いなど、ちょっとした案件なら即決です。

たとえば、先日もとある集まりに誘われたのですが、以前にも参加したことがある会合だったので、迷わずその場で断りました。「選択肢過多」の時代ですから、**即決できるものはしたほうがいい**と思います。後回しにすればするほど、どんどんストレスがたまっていきますから。

ただし、**重要な選択をするときには、即決はおすすめしません**。仕事の依頼があったときなどは、その場のノリや感覚で引き受けてしまうと、覚悟ができていませんから、「やっぱり、やめておけばよかったかなぁ」「引き受けたはいいものの、できるかなぁ」などと余計なことを考えて、自律神経を乱します。結果、引き受けた仕事にも影響が出てしまいます。

そうならないためにも、1日だけ自分に猶予《ゆうよ》を与えて、その仕事をやることの意味や目的を考えてみてください。そのうえで、自分がやるべき仕事かどうかを判断します。

それでも迷ったら、1日の間にありとあらゆる情報を集めて、精通する人の意見をできるだけ多く聞いて、決断してください。医療でいうところの、セカンドオピニオンです。そこまでやって決めれば、結果的に「引き受けなければよかった」となっても、これだけリサーチして決めたことだから、と諦めがつきます。

だからといって、ダラダラと1週間も返事を先のばしにしても、迷いが増えるばかりで、いい結果は得られません。肝心なのは、**1日という期限を決めて判断すること**です。

「情報」は有効活用するが、流されない

インターネットで記事を読んだり検索するだけでなく、近年は多くの人が、Instagram や Facebook などのＳＮＳを利用しています。これらのコミュニティサイトは、直接話せないような有名人やなかなか会えない知人、友人とも気軽につながれるツールとして、人気を集めています。私自身も活用していますから否定はしませんが、**使い方次第では「自律神経を乱すツール」になってしまいますので、注意が必要**です。

会社や飲食店を経営している人が情報を発信したり、逆にそれらの情報を受け取る、集めるためのツールとしては、有効だと思います。知人、友人の近況を知るのもいいでしょう。

ただ、会ったこともない「他人」の、虚飾かもしれない日常を垣間見て、うらやんだり自分と比べて落ち込むのであれば、利用しないほうがいいでしょう。わざわざ時

間を割いて覗きに行って、自律神経を乱していることになるのですから。

Instagramに自分の撮影した写真をアップして楽しむのはいいのですが、「いいね!」が少ない、フォロワー数が伸びないなどと気にすると、自律神経を乱してしまいます。

SNSは、一定の距離を保って「情報」を集めるツールとして活用する、あるいは知人との連絡網として使う、あくまで自分の楽しみとして利用するなど、マイルールを決めて活用しましょう。

電車に乗っても、今やほとんどの人が、新聞や文庫本ではなく、スマホを手にしている時代です。仕事でもプライベートでも、もはや必要不可欠なものですから、手放すわけにはいきません。

でも、第1章で書いたとおり、スマホの画面を見続けると、どうしても交感神経が上がってしまいます。ダラダラと何時間も「他人」のどうでもいい情報を見続けるのは、目も疲れますし、自律神経にもよくありません。

ですから、寝る前は見ない、食事中は見ない、1日2時間以上は見ないなど、自分でルールを決めて、依存しないようにすることが肝心です。

人づきあいにも「自分の軸」が必要

「自分の軸」というのは、何かを選択するときに、自分なりに決めていることです。それは何かとストレスがかかりやすい、人づきあいにも必要です。

私は、学生時代にラグビーをやっていましたから、それこそ毎日のように飲み会がありました。気が進まないときでも参加はしていましたが、それによって仲間と絆が強まったり理解が深まったりしてプレーが向上したかといえば、そんなことはありません。今振り返ってみても、たいして身になることはなかったなぁと思います。

親しい知人、友人と飲みに行くのなら話は別ですが、飲み会なんて、だいたいが自己満足の世界です。仕事帰りに同僚と居酒屋に行って、仕事の愚痴《ぐち》を吐き出したり同僚の噂話をしたりするだけ。それが果たしてストレス解消になっているのかどうかも、怪しいものだと思います。愚痴をいって何かが変われればいいですが、実際は何も変わりません。

私たちぐらいの年代になると、今までの経験から、ほとんどの飲み会がムダだとわかってきます。いいも悪いもなく、飲み会はしょせん飲み会。そうした「自分の軸」がありますから、誘われても迷うことなく断るでしょう。

その集まりに参加する「目的」を考える

ただ、経験が浅い若い人たちは、事情が違うかもしれません。飲み会や会食に行けば、新しい出会いがあるかもしれない、と思うこともあるでしょう。そういう人にアドバイスをするなら、「迷うようなら、やめたほうがいい」「目的が見つからないなら、行かないほうがいい」ということです。

そもそも自分が参加したいと思う飲み会や会食なら、返事に迷うことはないはずです。「ぜひ、参加したいです」と、即答するでしょう。また、本当に参加したいのなら、たとえスケジュールが埋まっていたとしても、調整してでも行くと思います。

ですから、**「どうしようか」と迷った時点で、やめたほうがいいのです。**

そのときは、「参加してみようかなぁ」と思って前向きの返事をしたとしても、日程が近づくにつれて、「気が重いなぁ」「断っておけばよかったなぁ」と思うようになります。そう思うこと自体もストレスですし、ましてや当日、お金を払って参加して、「やっぱり、出なきゃよかった」と後悔したうえ、飲みすぎて体調など崩したら、目も当てられません。

そうはいっても、職場の飲み会など、立場によっては断ってばかりもいられないケースもあると思います。そういうときは、参加する目的を考えてみるといいでしょう。「職場の人間関係を円滑にする」のが目的であれば、たとえカラオケで聴きたくもない歌を聴かされても、「これで仕事がやりやすくなる」と思えば、ストレスは軽減するはずです。「上司への印象をよくする」のが目的なら、退屈極まりなくても、「これで点数を稼げる」と思ってやり過ごせます。

目的が見つからないのであれば、それはストレスになるだけで時間のムダですから、断りましょう。

人は変えられないが、「自分の考え方」は変えられる

変えられないものを変えようと思っても、しょせんは無理な話。ストレスばかりがかかって、時間がムダになるだけです。その変えられないものの代表格が「人」です。

人間の性格は、変えようと思っても変えられるものではありません。

食事や睡眠などの生活習慣はもちろん、住むところだって、自分でどうにでも変えられます。自分の意識次第で、いくらでもストレスがかからないようにしていけますが、他人の性格だけは変えられないのです。

そして職場でのストレスは、仕事そのものより、その「人」が原因であることがとても多いのです。

キレやすくて何かあるたびに癇癪《かんしゃく》を起こす上司に対して、「その性格、なんとかならないものか」と願ったところで、その人が何十年と生きてきたなかで形成された性格

です。おいそれと変わるものではありません。だからといって、組織である以上、一社員の一存で上司を替えてもらうこともできません。たとえ運よく異動があったとしても、新しくやってきた上司が穏やかな人格者であるとは限りません。むしろ、そんな人はひと握りと思ったほうがいいと思います。

また、締め切りまでに論文を書けといっても、締め切りを守らない人は、いつまでたっても、何をいっても守りません。そういうものです。そこで「なんで締め切りを守れないんだ」とイライラしても、自律神経を乱して自分が損をするばかりです。

パワハラ上司に限らず、やたらとマウントをとってくる同僚、落ち着きのない部下、詮索好きの近所の家の住人――そうした変えられない「人」のせいでストレスを抱えている人は、世の中にたくさんいます。

他人にイライラしても損をするのは自分

では、どうしたらいいのか。

残念ながら、そこはもう受け入れるしかありません。もし、パワハラ上司にストレスを感じているのなら、「私の上司はこういう人なのだから、仕方ない」と腹を括《くく》る。この人はこういう人なのだ、と見切りをつける。いわば、「諦める」ということですが、そうすればストレスは軽減できます。

なにも我慢しろといっているわけではありません。我慢すると、自律神経のバランスを崩してしまいます。

そうではなくて、まず、そんな上司にとらわれること、気にすること自体が時間のムダであり、上司にイライラすると自分が損をする、という考え方に変えるのです。**他人に自分のペースを乱されることほど、もったいないことはありません。**他人ではなく、自分の考え方を変える。そのうえで自分がどうしていくかを選択することが重要です。

たとえば、部下を叱りつけているところが不快だったら、コピーなどの用事を見つけて、その場を離れる。カチンときそうになったら、給湯室に駆け込んで深呼吸をする。小言をいわれても淡々と聞き流すなど、なるべく上司と距離をとって、平常心で仕事ができる方法を探して実践します。

それでも、自分の限界の線は持っていたほうがいいと思います。半年間、自分で解決するために、あれこれ試してみたけれど、やはりこの上司の元で仕事をするのには限界がある。そう感じたときは、人事に相談するのか、異動願いを出すのか、あるいは会社をやめるのかを選択する。

簡単なのは会社をやめることですが、他人のせいで新しい会社を探さなければいけないというのは、自分が損をしてしまいます。とはいえ、近年では中途採用をする会社も増えていますから、今より条件のいいところに転職することができるかもしれません。新しい職場を探して環境を変えるのか、それとも今の職場で頑張ってみるのか、それも選択肢の１つでしょう。

「3行日記」で「自分の軸」をつくる

私は、寝る前に必ず「3行日記」をつけています。

アイルランドで医師として働いていたときに、私の上司がこの日記の書き方を教えてくれました。いつも気持ちが安定していて仕事ができる上司でしたので、私も真似てみようと思ったのがきっかけです。

実際にこの方法で日記をつけてみたら、生きていくうえで非常に役に立ちました。そこに自律神経の専門家としての私なりのアレンジを加えたのが、これからご紹介する「3行日記」で、かれこれ30年以上続けています。

書き方はとてもシンプルです。

① 今日、失敗したこと（悪いこと）

② 今日、感動したこと（いいこと）

③ 明日の目標

その3つを、ただ書き出すだけです。立派な文章にする必要はまったくありません。箇条書きでたった3行書けばいいのですから、寝る前の10分か15分、時間を割けば十分。「日記を書くなんて面倒臭い」という人も、これならできるのではないでしょうか。

単なる備忘録で終わらせない書き方

重要なのは、**ランダムに書くのではなく、必ず①②③の順番で書いていくこと**。この順番に意味があります。

まず、その日にしてしまった失敗を書くことで、不安やイヤな気持ちを吐き出せます。こうしたマイナスの感情をベッドに持ち込んでしまうと、眠りが浅くなり、疲れも取れませんから、翌日にも響きます。その都度吐き出して平常心を保つようにしておけば、自律神経も整ってきます。

そしてもう1つ。失敗を振り返ることで、「もっとこうしておけばよかった」「次はこうしよう」と、その原因を検証することになりますから、自分の軸をつくることにも役立ちます。

その次によかったこと、感動したことなどを書きます。

反省点などを日記に書いている人は、少なからずいるでしょう。スポーツ選手などでも、ノートにその日の反省点を書き出しているのをよく見かけます。

ただ、失敗したことや反省点を書いて終わりにしてしまうと、イヤな気持ちは吐き出せても、モチベーションを上げるところまではなかなかいきません。そのためにも、失敗や反省を綴ったあとに、感動したことや楽しかったことを書くのです。そうすると、気持ちが前向きになれます。

そして、最後に目標を書きます。目標といっても、そんな大げさなものを書く必要はありません。最初のうちは、「明日は必ず5時に仕事を終わらせる」など、むしろ身近な、達成しやすい目標を書いたほうがいいと思います。それが達成できると自信になりますし、それが習慣になれば、「自分の軸」になっていきます。

書くことで、頭のなかが整理できる

「日記を書き始めても、なかなか続かない」という人も多いでしょう。でも、毎日書く必要はありません。「毎日書かなければいけない」と思っていると、逆にストレスになってしまいますから、「1日、2日忘れても、1週間まとめて書けばいい」ぐらいの気持ちで試してみてください。

日記帳は、私は3年分や5年分、まとめて書けるものを使っています。書くスペースも少ないので、「これだけ書けばいいんだ」と思えますから、あまり負担にもなりません。そして、必ずペンを使って手書きにしています。

忙しい現代人は、頭のなかがゴチャゴチャになっているのに、その整理がつかないまま、新しいことや情報を取り入れてしまうことが多いと思います。でも、日記は「書く」という作業を通して、その日の自分を冷静に振り返ることができますから、頭のなかの整理ができます。**整理をしてから、新しいものを入れたほうが、確実にパフォーマンスが上がります。**寝る前に日記を書くことは、次に進むための準備にもなります。

時には、自分のつけた日記を読み返してみるのもいいものです。私は3年以上書ける日記帳を使っているので、たまにページをめくっていると、「2年前の今頃はこんなことをしていたのか」「去年のこの時期は大変だったけれど、今は落ち着いているなぁ」などといった気づきがあります。そして「すべては時が解決してくれる」ことが実感できて、とても心が穏やかになります。

一度決めた「軸」は変えてもいい

何度も書きますが、迷うと自律神経が乱れます。「軸」というのは、その迷いを少しでもなくすために、生活のなかで、あるいは選択をするときに、自分なりに実践している「決めごと」です。

私が健康に生きていくための「軸」は、いたってシンプルです。朝食をとる、階段を使う、早く歩く、風呂に入る、この４つです。

「３行日記」のつけ方のところでも書きましたが、何も、いきなり大きな目標を立てる必要はありません。むしろ「朝早く起きる」など達成しやすい目標を立て、それができるようになったら、今度は「朝食をとる」ことを目標にするなどして、「自分なりの軸」をどんどんつくっていけばいいのです。または断捨離のように、今やっていることをどんどん減らしていって、「軸」にするという方法もあります。

ただ、一度「軸」を持ったからといって、それを一生持ち続けなければいけないというわけではありません。環境や状況の変化によって変えてもOK。**昨日の「軸」と今日の「軸」が違ってもいい**のです。たとえば、いつもの通勤経路に新しい出口ができて、そちらのほうが便利なら、それを新たな「軸」にしたほうが断然いいわけです。2、3回試してダメだったら、別の方法を考えて、それを「軸」にすればいいと思います。

健康については「安全策をとる」のが最善の選択

あなたにとって、人生におけるいちばん重要な選択は何でしょうか。就職ですか？　それとも結婚ですか？　もちろん、それらも間違いなく、人生の一大事でしょう。

ですが、私はやはり**健康**だと思います。就職も結婚も命あってのことですから、健康こそが「究極の選択」を迫られるのではないでしょうか。

そしてこの選択だけは、**「自分の軸」は度外視して「安全策をとる」のが正解**です。

医師としてのこれまでの経験から、そう断言できます。健康は、「こちらを選択して失敗したから、今度はあちらを選ぶ」というわけにはいきません。命がかかっていますから、失敗すると取り返しがつかないことになりかねません。

私は、検査で患者さんに腫瘍が見つかったときは、どんなに小さかろうと、どこにできていようと、必ず専門医に紹介する、と医師としてマイルールを決めています。

まだ小さいからもう少し様子を見てみましょう、という診断は絶対にしません。

また、患者さんの体の不調を聞いて、少しでも思い当たる病気があれば、すぐに検査をします。とにかく手遅れにならないよう、いちばんの安全策をとりますから、早期発見が多い。ほかの医師に比べて、断然多いと自負しています。

大地震や洪水、津波などは、いつ何時、自分の身に起こってても不思議ではない自然災害です。ところが、自分がそんな目に遭うとは露《つゆ》ほども思っていない人は、少なくありません。無理もないことですが、ほとんどの人は「大変なことになった」と右往左往してしまいます。

人間の体も同じことです。自分はがんになどならないだろうと油断している人ほど、がんが見つかったときにショックを受けて、「どうしよう」「どうしたらいいんだろう」と、うろたえてしまいます。

健康診断という「安全策」

そうならないための安全策の1つが、健康診断です。これが、早期発見への近道です。

会社に勤めていれば、年に1回の定期健診がありますから、会社員の方はたいてい受けていると思います。ただ、自営業やフリーランス、あるいはパートタイムで働いている人のなかには、「まだ若いから」「忙しいから」と理由をつけて、もう何年も健康診断を受けていないという人もいるのではないでしょうか。

そしてもう1つ、調子が悪い、体調が思わしくない、そんな症状が2週間続いたら、迷わず病院で診てもらうという選択をしてください。

頭がズキズキするけれど、気圧のせいかもしれない、寝不足が続いたせいかもしれない――そういい聞かせて病院に行くのを先のばしにしていても、心のどこかには「重篤な病気だったらどうしよう」という不安があります。そうすると、それがストレスになって自律神経が乱れ、本当に病気だった場合、症状を悪化させてしまうことにもなりかねません。そんな不安を抱えて過ごすぐらいなら、早めに病院に行ったほうがいいのです。診察してもらって病気ではないとわかれば、不安も解消されて自律神経が整い、体調もよくなってきます。

受診するのは、大きな総合病院よりも、近所のクリニックがいいと思います。かかりつけ医があるなら、まずはそこで診察してもらってください。何かあれば、そこから専門の医療機関を紹介してもらえます。

年齢が若くても油断は禁物

高齢者のほうが病気になるリスクが高いのはもちろんですが、「若いからといって、深刻な病気にならないだろう」と油断するのは禁物です。特に、ストレスにさらされている現代人は、なおさらです。

ストレスがあると、交感神経と副交感神経のバランスが崩れて、免疫力が低下しますから、病気になりやすい。若くても深刻な病気にかかることは珍しくないのです。痛みが我慢できなくなって病院に駆け込んだときには、すでに病状が進んでいて手遅れ、というケースは少なくありません。「もっと早く受診してくれていれば」「健康診断さえ、受けてくれていれば」と、医師として悔しい思いをした患者さんをたくさん見てきました。

こう書いている私自身、医者の不養生ではないですが、若い頃は健康なんて、少しも意識していませんでした。意識するようになったのは、40歳ぐらいのときでしょうか。だからこそ、年齢問わず、「究極の選択」を迫られる健康については、安全策をとってほしいとお伝えしたいのです。

私も今は、定期健診は欠かさず受けていますし、暴飲暴食は絶対にしません。駅でエスカレーターと階段があれば、健康のために階段を使うと決め、健康については日頃から「最善の選択」をするようにしています。

第４章

「最高の体調」で毎日を過ごす

心と体を整える「シンプル」な選択

#「毎日同じ生活パターンの人」ほど成功しやすい理由

アスリートが、いつも決まった動作をしてからプレーやパフォーマンスに入るのを、テレビなどでよく見かけるかと思います。

たとえば、元メジャーリーガーのイチロー選手は、バッターボックスに入るとき、いつも右腕でバットをグルンと回し、袖をまくってピッチャー方向にバットを立ててから、構えに入っていました。フィギュアスケーターの羽生結弦《はにゅうゆづる》さんは、競技選手時代、演技に入る前には、必ず胸の前で十字を切るような仕草をしていました。2015年のラグビーのワールドカップでは、五郎丸歩《ごろうまるあゆむ》選手が、キックをする際、お祈りをするかのように両手を組んでからボールを蹴っていました。この「五郎丸ポーズ」は、大きな注目を集めましたから、ご存じの方も多いでしょう。

これらは、「決められた手順」や「日課」などを意味する「ルーティン」と呼ばれています。

では、なぜ多くのアスリートが、こうしたルーティンを持っているのでしょうか。

それは、**まさに自律神経を整えるため**です。緊張を強いられる場面でも、いつもと同じ動作を行うことで、平常心を保ち、練習と同じような結果を出すことが期待できるのです。多くのアスリートが、プレー中のこうしたルーティンのみならず、試合の前後にもルーティンを持っています。試合前に大谷翔平選手が行うフェンスへの壁当てなども有名です。

自分のルーティンを持つことで平常心が保てる

私は、こうしたルーティンを、アスリートに限らず、学生やビジネスパーソンなども、もっと日常生活に取り入れるべきだと思っています。世の中を一変させてしまったコロナ禍を経験した今の時代だからこそ、なおさら必要だと思います。

コロナ禍では、「うつ」の人がとても増えました。それは、これまでと生活がガラッと変わってしまったからです。学校にも会社にも行けない。仕事帰りに、毎日のように立ち寄っていた居酒屋も休業してしまった。当たり前にやっていたことが、まるでできなくなってしまったから、不安やストレスが増大したのです。

毎日同じことの繰り返しはつまらないと思うかもしれませんが、実は、それが平常心を保つコツなのです。

決めごとは何でもいいのです。朝起きてコーヒーを1杯飲んで出かけると、仕事のパフォーマンスが上がると思ったら、朝1杯のコーヒーをルーティンにする。鏡の前で深呼吸をして出かけて気分が変わったのなら、それを取り入れる。**1日のなかでよかった事例を書き出していけば、自分のルーティンができてきます。**

そして、それに沿って生活していれば、自律神経が乱れませんから、仕事でもプライベートでも安定した状態で臨むことができます。

「マニュアル」も同じことです。「マニュアル」という言葉は、「マニュアル人間＝いわれたことしかできない、独創性がない」といったように否定的な意味合いで使われることが多いのですが、決して悪いものではありません。仕事や飲食店などのマニュアルには、迷いをなくすというメリットがあります。マニュアルがあれば、やり方がわからなくてムダに時間がかかってしまったり、手順を間違えて失敗したりすることも少なくなります。あらかじめやり方や手順がわかっているので、迷わずに行えますから、平常心で仕事ができます。

決まりきったやり方や変化のない日常は、一見、面白味がないと思うかもしれませんが、自律神経の面ではとてもいいことなのです。

1日の流れを決める

夜中の2時まで起きていたかと思えば、翌日は夜10時にベッドに入ってしまう。朝昼を兼ねた食事を11時に摂ったかと思えば、14時過ぎまで何も食べられないこともしばしば――特にシフトワーカーや外回りの仕事が多い人などは、このように睡眠時間も食事の時間もまちまちになりがちです。これでは自律神経が乱れて、体も気持ちも安定しません。

1日をいい流れにするには、自律神経が整うよう、起床時間や食事時間、就寝時間などをある程度決めておくことが大切です。

私の1日をごく簡単にご紹介しましょう。

朝は4時頃に起床します。起きてすぐにコップ1杯の水を飲んで、朝食を摂ってから仕事に向かいます。仕事を終えて帰宅したら、寝る前に「3行日記」をつけて、12

時頃にはベッドに入るようにしています。

睡眠と自律神経は、密接に関係しています。

交感神経と副交感神経には、「日内変動」といって、1日のなかでそれぞれが優位に働く時間帯があります。これには、私たちの体で24時間周期の生体リズムをつくり出している「体内時計」がかかわっています。

朝起きると、副交感神経のレベルがだんだんと下がっていき、交感神経優位の状態に切り替わっていきます。そして、昼間は交感神経優位の時間帯が続き、夜になるとそのレベルが下がっていって、副交感神経優位の状態に切り替わり、睡眠に向かいます。人間の体は、昼に活動して、夜に寝るようにできているのです。

ですから、起床時間と就寝時間を決めておくことは、とても大切です。たとえば、副交感神経が優位になっている夜中の2時に、スマホにかじりついて動画を観たり、ゲームをしていたりすると、交感神経が上がってしまい、良質な睡眠がとれません。疲れがとれませんから、朝起きてもだるさが残っていたりします。そうすると、日中の活動にも影響します。ただし、睡眠の質と、睡眠時間の長さは関係ありません。最適な睡眠時間は人それぞれ。私はショートスリーパーなので、6時間以上寝ると、むしろ調子が悪くなってしまいます。

そして、朝食はどんなに忙しくても、欠かさず摂ることにしています。昼に向かって副交感神経は下がっていきますから、食事を摂ることで、胃腸の働きをコントロールしている副交感神経を刺激。副交感神経が急激に下がるのを抑えることで、自律神経を整えます。起きてすぐコップ1杯の水を飲むのも、同じ理由です。また、朝、水分や食事を摂ることで、体内時計が1日の始まりに合わせてリセットされ、体のリズムが整います。

不規則な毎日を送っている人は、ぜひ、自律神経の「日内変動」に沿って、ルーティンを決めてみてください。生活パターンができてくると、自律神経が整って、いい流れに乗っていけます。

仕事でも、１日の流れをつくっておく

　今日中に、企画書もつくらなければいけないし、取引先にアポントも取らなきゃいけない。大量のメールチェックもあるし、ミーティングもある。いったいどこから手をつけていいのやらと、山積みの仕事を前に、途方に暮れてしまったことはありませんか？　仕事量の多さ自体がストレスになるし、何から片づけようか迷うだけで、自律神経が乱れ、パフォーマンスに影響します。

　そうした多忙なビジネスパーソンに実践していただきたいのは、「仕事でも1日の流れをつくる」ことです。先ほど、自律神経の変動に合わせて生活するといいと記しましたが、仕事の時間にもそれを取り入れるのです。勤務時間が9時～18時なら、そのなかで9時～12時、13時～15時など、**時間を区切って、やるべき仕事を振り分けて行うと、効率的に仕事ができます。**

著名なビジネスパーソンというのは、朝型の人が多いですよね。それには、ちゃんと理由があります。

朝は副交感神経優位から交感神経優位にだんだんと切り替わっていく時間帯で、両者が比較的高いレベルの、心身ともにベストな状態にあります。つまり、**朝は1日のなかでもっとも脳が活性化し、集中力が高まっている、仕事のゴールデンタイム**なのです。ですから、出社してから昼食までの午前中は、企画を考えたり重要な資料を作成するなど、頭を使う、創造性の高い仕事にあててください。

出社してすぐのメールチェックをルーティンにしている人も多いようですが、このゴールデンタイムを機械的にできるメールチェックなどに使うのは、実にもったいないと思います。

メールチェックをするなら昼食後がベスト

逆に、**もっともパフォーマンスが上がらない時間帯が、昼食後の2時間**です。誰しも食後は眠くなりますよね。これは、食事をすると胃腸の働きをコントロールする副交感神経が優位になって、体がリラックスモードに傾くからです。こうした時間帯を頭を使う重要な仕事にあてても、はかどらないどころか、それがストレスになって、かえって自律神経を乱してしまいます。

この時間帯は、それこそメールチェックや資料整理など、あまり集中力を必要としないルーティンワークにあててください。また、人と会ったり話をしたりすると、交感神経が刺激されますから、電話でアポイントを取ったり、外回りの時間にあてるのもいいでしょう。

そして、**退社前の1時間は、午前中にやり切れなかった仕事を片づける時間にしてください。**みなさんも経験があるかと思いますが、人間、終わりが見えてくると、俄《が》然《ぜん》元気が出てきますよね。「あと1時間で仕事が終わる」というこの時間帯は、活力が出て集中力がグッと高まりますから、午前中と同じようなパフォーマンスが期待できるのです。

そして、**明日の午前中にやる仕事の準備をしてから退社**します。やるべき仕事を決めて準備をしておけば、出社してすぐに取り組めますから、午前中のゴールデンタイムを有効に使うことができます。

よく夜遅くまで残業をしている人がいますが、体がリラックスモードのときにいくら仕事をしても、集中力が続きませんから効率は上がりません。それどころか夜中まで仕事をしてしまうと、良質な睡眠がとれませんから、翌日にも響いてしまいます。ですから、どうしても終わらない仕事があるときは、残業するより、翌日1時間でも2時間でも早く出社してやったほうが、よほど効率がいいのです。

自律神経の変動に合わせて仕事のパターンを決めておくと、時間のムダもなくなり、パフォーマンスが格段に上がってくると思います。

いい流れをつくる決め手は「前日の夜」

明日着ていく服は、今夜のうちに決めておきましょう。

そう書くと、「何を着ていくかなんて、たいした問題じゃない。肝心なのは、明日の仕事がうまくいくかどうかでしょう」と思う人がいるかもしれません。

でも、実は前日の夜に服を決めるという些細なことが、仕事をするうえでも、とても重要なのです。前日の夜に翌日の服を決めておくかどうかで、１日の流れがまったく変わってしまうからです。

朝、着ていく服がなかなか決まらないと、その日１日、何か気分が上がらない――みなさんも、一度はそんな経験があるのではないでしょうか。

プロローグで、いったん乱れてしまった自律神経は、３～４時間は元に戻らないと書きました。朝、着ていく服が決まらないと、そこに「迷い」が生まれ、自律神経が乱れます。しかもその乱れは、そのときだけに留まりません。一度自律神経を乱すと、不安定な状態が続いてしまいますから、その後の仕事のパフォーマンスにも影響が出てしまいます。

服を選ぶときのちょっとした迷いが、せっかくの午前中のゴールデンタイムを、ひいてはその日1日を台なしにしてしまう可能性があるのです。

〝前準備〟で翌朝の「迷い」をなくす

ただし、頭のなかで着ていく服を決めるだけでは、十分ではありません。

「明日は、このワイシャツにこのネクタイを締めていこう」と決めていたのに、翌朝いざそのワイシャツを取り出したら、しわくちゃだった、クリーニングに出していたことを忘れていた、なんてことがあれば、結局、代わりに着ていく服を探して、迷うハメになります。

また、「明日の休日は、この白いパンツと青いTシャツを着て出かけよう」とせっかく用意しておいても、朝起きてみたら、どしゃぶりの雨。「白いパンツなんて穿いていったら、裾が泥で汚れてしまう」となったら、そのときまた、雨でもいいようなパンツを探さなければなりません。思いのほか気温が低ければ、シャツの上に羽織るジャケットを、クローゼットから引っ張り出してこなくてはなりません。そうでなくても、いざ鏡の前で合わせてみたら、考えていたコーディネートが意外にしっくりこなかったということもありますよね。

ですから私は、前日の夜に必ず翌日の天気予報をチェックしてから、洋服を決めています。靴もしかり。雨は降るのか、気温は低くなるのか、暑いのかを考慮して、服を用意したら靴も取り出して準備しておきます。これを朝にやっていたら大変です。それこそ、遅刻しかねません。でも前日の夜なら、余裕を持って準備することができます。

洋服に限らず、私は、仕事に使う資料、タブレット、手帳、財布、名刺、ハンカチ、スマホなど、翌日に必要な持ち物も準備して、１箇所にまとめておきます。こうしておけば、駅まで行ったところでスマホを忘れたのに気づいて、慌てて戻り、自律神経を乱してしまうこともありません。

午前中のゴールデンタイムを有効に使うには、前日の夜が勝負です。翌日の服や持ち物をきちんと準備しておけば、翌朝、1つも迷うことなく出かけられますから、自律神経が乱れません。心と体が安定した状態で出かけられますから、仕事のパフォーマンスが上がります。また、自分が思い描いたとおりに1日が始まったと思えるので、気持ちよくスタートすることができます。

自律神経を整える食事のヒント

自律神経を整えるためには、睡眠のみならず、食事もとても重要です。朝、食事を摂ることによって、体が活動モードに入っていくことができます。また、食事には、前にも触れた体内時計に関係している「時計遺伝子」にスイッチを入れる役割もあります。

栄養面でいえば、何を食べるかが大切ですが、**自律神経の面からいえば、どう食べるかが肝心です。まずは、食事、特に朝食のメニューを決めておくこと**です。

朝食を摂る目的は、副交感神経が急激に下がるのを防ぎ、交感神経も副交感神経も高い、心身ともにベストな状態を保つためと記しました。でも、ここで何を食べるか迷ってしまうと、そのバランスが崩れてしまいます。特に１日の流れを決める朝食は、あらかじめメニューを決めておくことが大切です。

私の場合は、朝食を摂る前にコップ1杯の水を飲み、バナナ1本とパン1枚、あるいはヨーグルトと決めています。

時計遺伝子に働きかけるには、ある程度食べる必要がありますので、水を飲むだけ、スムージーだけ、というのはおすすめしません。

体内時計のズレは自律神経の乱れにもつながりますので、ぜひ朝食を摂る習慣をつけてください。

メニュー選びで迷わない「考え方」

昼食のメニューは、夜の食事から逆算して決めています。「今日の夜はお刺身を食べるから、昼は焼肉定食にしよう」「夜はお肉を食べるから、野菜中心にしよう」と考えていきます。何も考えず、昼も夜も食べたいものを選んでいると、どうしても食べすぎてしまって、翌朝後悔する羽目になります。

また、夜のメニューを軸にして考えると、コンビニに昼食を買いに行っても、迷わずにすみます。夜にコース料理を食べる予定なら、軽めにすませることにして、サラダのコーナーで1つ選べばいいわけです。

私たちの日常生活を振り返ってみると、どうでもいいことに関して迷いすぎだと思いませんか。食事を楽しみに出かけたレストランで、メニュー選びに迷うのはいいのですが、打ち合わせに出向いた喫茶店で、何を飲もうか迷うのは、それ自体がストレスになります。

私は、午前中の取材では、必ずコーヒー以外のものを頼みます。なぜかといえば、その後、たくさんコーヒーを飲むからです。たとえば、会社でコーヒーをよく飲むのであれば出先では紅茶にする、紅茶はフレーバーに好き嫌いがあるのでコーヒーしか飲まない、と決めておけばいいのです。そうすれば迷いがありませんから、自律神経が乱れません。

ご紹介したように、私は、1日3回食事を摂るようにしています。今、オフィスなどで働いている人たちは、運動不足になりがちですから、エネルギー面からいえば、1日2回の食事でも十分かもしれません。

では、なぜ、朝・昼・晩と食事をするのかといえば、腸を刺激して、働きをよくするためです。腸というのは、刺激が加わると働く臓器です。1日に1回しか食事をしないと、刺激が1回しかありませんから、腸の働きが悪くなってしまいます。そのために、3回食事を摂るようにしているのです。

ただし食事の量は、必ず腹八分目を守っています。エネルギーを摂りすぎないようにするのはもちろん、お腹をいっぱいにしてしまうと、消化器官に負担がかかり、それをコントロールしている自律神経にも影響してしまうからです。

自律神経の面からいえば、**食事は、定番メニューを決めて1日3回、そして腹八分目に留めておくのがおすすめ**です。

持ち物にもマイルールを決めておく

いつ雨が降ってもいいように、軽量の折り畳み傘を常に1本カバンに入れている、という人は結構いるのではないでしょうか。それは、「急な雨に降られたらどうしよう」と心配しながら1日過ごすよりも、多少荷物が増えても雨の心配をしないで出かけられるほうがいい、という選択です。

一方で、私は折り畳み傘を持ちません。出かけるときに雨が降っていれば、もちろん傘をさしていきます。ですが、雨が降るかどうかわからないのに、傘を持ち歩くことのほうが、私にはストレスだからです。

今時、ビニール傘なら、どこにでも売っていますよね。途中で雨が降ってきたら、コンビニで買えばいい。でも降らなかったら、カバンに収まる折り畳み傘といえども、使わない荷物を1日中持ち歩いたことになります。ですから私の選択は、折り畳み傘は持たない、途中で雨が降ってきたら買う、です。

オフィスワーカーなら、会社に1本、予備の傘をおいておくと決めている人も多いでしょう。

1日のなかでストレスを感じていることは何？

折り畳み傘を持っているほうがストレスなのか、持たないほうがストレスになるのか。どちらにストレスを感じるかは、人それぞれです。どちらがいい、悪いではありません。

大事なことは、**折り畳み傘を持つのか、持たないのかを「決めておく」**ことです。その都度、空模様を眺めて、折り畳み傘を持っていくかどうしようか迷うことが、いちばんよくありません。

私は、スケジュール管理は、パソコンやスマホではなく、手帳と決めています。それは、書くことによって覚えるという利点もありますし、何よりパソコンやスマホだと、電池が切れたら終わりですから。もちろん、手帳はかさばるからスマホを選択しているという人もいるでしょう。要は、自分にストレスがかからないようにルールを決めておくことです。

それは、持ち物に限った話ではありません。日常生活でも同じです。

たとえば、朝起きて歯を磨こうとしたら、歯磨き粉が残り少ない。予備を出そうと思ったものの、買っておいたはずなのに、どこを探しても見つからず、朝からイライラしてしまったとします。そうであれば、あらかじめ２つぐらい予備を買っておいて、目につきやすい場所に置いておけばいいわけです。それなら、「買っておいた歯磨き粉、いったいどこにいったんだろう」とイライラすることもないので、自律神経は乱れません。

朝食は、パンとコーヒーと決めているものの、パンに塗るバターがいつも硬く、塗りづらくて仕方ない。そこにストレスを感じているなら、朝起きたら何はともあれ、いちばんにバターを冷蔵庫から出して室温に戻しておくことを、ルーティンにすればいいのです。

電気を消し忘れてしまうことが多いのなら、玄関の目につくところにその旨、書いて貼っておけばいいのです。私自身も、玄関に忘れ物をしないよう「サケトカメ」と書いて貼っています。これは「財布、携帯電話（スマホ）、時計、鍵、名刺を忘れずに」という意味で、これで何度も忘れ物を防ぐことができました。

日々暮らしているなかで、ストレスを感じる部分というのは、だいたい決まっていると思います。一度、自分がどんなときにストレスを感じたかを、書き出してみるのもおすすめです。そして、**それを1つずつクリアして、「迷わない」ための自分なりのルールをつくる。**そうすれば1日のストレスが減り、毎日を同じようなリズムで、心も体も安定した状態を保ちながら過ごすことができます。

「先読み力」で日常生活の迷いを減らす

自律神経がいちばん乱れるのは、「想定外」のことが起きたときです。

予想もしなかったことが起こると、人は不安になります。不安というのは、自律神経でいえば、交感神経だけが異常に上がって、副交感神経が極端に下がった、自律神経のバランスがひどく乱れた状態です。そうなると、冷静な判断ができなくなり、選択を誤ってしまうこともあります。

阪神淡路大震災も、東日本大震災も、そして世界中に広がったコロナ禍も、私たちにとってはまさに想定外の出来事でした。また、自然災害や疫病だけでなく、仕事でもプライベートでも、ハプニングは起こります。

そんなとき、慌てず冷静に対処できる人と、あせりから、どうしたらいいかわからなくなって、右往左往してしまう人がいます。いったい何が違うのでしょうか。

いかに「想定外」を少なくしておくかがコツ

パニックになってしまう人からしてみれば、冷静な人のことを、「こんなときに、どうしてここまで落ち着いていられるのだろう」と不思議に思うかもしれません。でも、「何が起きてもパニックにならない性格の人」などいません。そうならないように、**あらゆることを「先読み」して、アクシデントを想定内にして入念な準備をしてきたからこそ、冷静に対処ができる**のです。

私は、仕事柄、講演をする機会がよくあります。そのとき、講演で使うスライド資料をUSBメモリにコピーして持参するのですが、必ず予備を含め、3本用意するようにしています。そして、その3本も1箇所にまとめるのではなく、それぞれ違う場所に分散させて入れていきます。

もし、1本しか持っていかなかったら、そのUSBが壊れたり、読み込まれなかったりしたときに、講演ができなくなってしまいます。でも3本あれば、何があってもまず大丈夫。また、せっかく3本用意しても、全部同じ収納ケースに入れていたら、意味がありません。それを落としたり失くしたりしたときに、資料が１つもないことになってしまいます。もっと周到に準備をしておくなら、事前に講演会場に送っておくという方法もあります。

それだけのことを想定して、周到な準備をしておけば、仮にアクシデントがなかったとしても、「何があっても対応できる」という気持ちの余裕がありますから、講演に集中できます。

ところが、準備不足がわかっているときというのは、今日の参加者はどんな人たちだろうか、ほかの人はどんな講演をするだろうか、講演内容がかぶってしまったら変えなければいけないだろうか――などと余計なことばかりが気になって、講演に集中できないものです。

重要な会議を録音するときも、ＩＣレコーダーを２つ、予備の電池まで用意しておけば、たとえ1つ録音できていなかったとしても、「議事録がつくれない。どうしよう」とはなりません。絶対に遅れられない会合があるとき、1時間前に到着するようにしておけば、仮に事故で電車が止まったなどのアクシデントに遭遇しても、時間に余裕がありますから、慌てずに対処できます。

大切なのは、**どれだけ先を読んで、「想定内」の範囲を広げていけるか**ということ。

超一流といわれる外科医は、手術に際し、120%の準備をしています。それは、できる限り想定外をなくし、落ち着いて手術をするためです。人の命にかかわることですから、想定外のことが起きて、あせって失敗する、判断を誤るというわけにはいきません。

「運がなかった」「ついてなかった」ではなく、起こりうることをあらかじめ想定しておけば、どんな場面に遭遇しても、「こういうときはこうする」と決めてありますから、迷わないので、慌てずに対処できます。まさに「**備えあれば憂いなし**」なのです。

「変化」は自律神経の大敵

急激な「変化」は、自律神経の大敵です。どんな変化であれ、交感神経と副交感神経のバランスを崩します。

気温や気圧の変化もそうです。季節の変わり目に体調を崩す人が多いのは、急激な気温の変化に、自律神経が対応しきれないからです。たとえば、秋から冬にかけて一気に気温が下がると、体温を上げようと交感神経が優位になります。そうなると、副交感神経が下がって免疫力が低下してしまうので、風邪をひきやすくなるのです。どんより厚い雲がかかっていたり、台風が近づいたりしてくると、偏頭痛など不定愁訴を訴える人が多くなるのも、気圧の変化が関係しています。

同じように、**感情の変化も自律神経を乱します**。

それは、悲しい出来事やつらい出来事に限りません。就職や結婚など、うれしい変化のときでも、自律神経は乱れてしまうことがあります。

たとえば、会社で昇進が決まって、同僚が盛大に昇進祝いをしてくれたら、気持ちは大いに盛り上がることでしょう。でも、それと同じテンションで翌日仕事を頑張れる人というのは、ほとんどいません。100人いて、1人ぐらいのものでしょう。翌日、仕事で部下に足を引っ張られるようなことがあれば、うれしかった分だけ、気持ちがガクンと落ち込んでしまうかもしれません。

こうした感情の浮き沈みが激しいと、自律神経が乱れ、うつなどになりやすくなるのです。うつというのは、交感神経が低く、副交感神経が異常に高くなった状態で、ひどくなると自殺を考えてしまうこともあります。

心と体の安定を保つには、うれしかったり、悲しかったり、という感情の変化は、少ないほうがいいのです。

旅行やイベント後、体調を崩さないためのひと工夫

旅行やパーティといった「非日常」のイベントは、たしかに日頃の仕事のストレスから解放してくれるでしょう。仕事ばかりの日常にうるおいを与えてくれるかもしれません。でも、それが自律神経を乱してしまうこともあるのです。

海外旅行を決めたら、どこを観光しようか、ホテルはどこにしようか、どこのレストランを予約しようか、何を買おうか、と計画を立てて準備をしているときは、楽しくて仕方がないはずです。旅の前日がいちばんワクワクしているのではないでしょうか。そして、旅のあいだは未知の世界に触れて刺激を受けて、たとえ何かアクシデントがあったとしても、充実しているはずです。ここで終われば、自律神経が大きく乱れることはないでしょう。

でも、始まりがあれば、終わりがあります。旅というのは終わりに近づくにつれ、

寂しさが募ってくるものです。帰りの飛行機に乗っているときの気分は、行きのワクワク感とは正反対。その喪失感は、旅行が楽しければ楽しいほど、大きいと思います。ましてや、翌日から仕事や家事などに追われる「日常」が待っていると思えば、なおさらです。

先にも書きましたが、**感情の浮き沈みが激しいと、その「変化」で自律神経は乱れます。**いつまでも楽しかった旅の思い出を引きずり、喪失感が拭えないでいると、仕事のやる気が出ないだけでなく、それがストレスになって、体調を崩してしまうかもしれません。

旅のあとには必ず次の予定を入れておく

仕事ばかりの日常では息が詰まってしまいますから、旅に出かけること自体はいいことです。ただ、「非日常」のイベントには、全力投球しないで6~7割の力で取り組むように心がけてほしいのです。

「休みのときぐらい、仕事のことをきれいさっぱり忘れたい」と思うでしょうが、**自**

律神経を乱さないためには、逆に、少しでも「日常」をつなげておいたほうがいいのです。たとえば、旅行の前から、帰ってきたあとにやるべき仕事のスケジュールを入れておく。そうしておけば、旅の終わり頃から少しずつ気持ちを仕事モードに切り替えることができます。私も旅に出ているときは、少なからず帰ったあとの仕事のことを気にかけています。

もしそれが難しいのであれば、旅行のあとにもう1つ、友人との会食やコンサート、ショッピングなど、ワクワクできるような予定を入れておくといいと思います。

旅行が終わっても、次の楽しみが待っていると思えれば、気分が落ち込むことなく、前へ進むことができます。

毎日を同じように、１００％の力で生きる

実は私は昔から、祝い事が好きではありません。20歳の成人式にも出ていませんし、入学式や卒業式も興味がなかったので、とりたててお祝いもしませんでした。冷めていると思われるかもしれませんが、誕生会もしたことがありません。なぜかというと、祝い事をすると、そのときだけワーッと感情が高ぶって、そのあと一気にトーンダウンしてしまうからです。

そう思うようになったのは、子どもの頃の私が、その傾向がとても強かったからです。運動会で気持ちが盛り上がれば盛り上がるほど、終わったあとの脱力感がものすごかった。修学旅行から帰ってくれば、大きな喪失感に苛《さいな》まれました。運動会や修学旅行といった行事を２００％の力で取り組んでしまうから、終わったあとが０％になってしまっていたのです。

それからは、感情の起伏が激しくなるような行事や祝い事は、いっさいしなくなりました。入学式も成人式も、１つの通過点に過ぎないと思うようにしたのです。**正月もクリスマスも特別な日ではなく、昨日と変わらない１年３６５日のうちの１日。**その代わり、クリスマスも、誕生日も、なんでもない日でも、毎日を常に１００％の力で過ごそうと考えるようになったのです。

そうすれば**感情の浮き沈みが少ないですから、自律神経が乱れることはありません。**心も体も安定した状態でいられますので、すぐに次のステップに進めるのです。

成人式も還暦も、ただの通過点に過ぎない

私は、数年前に還暦を迎えましたが、もちろん、還暦パーティなどはやっていません。還暦を人生のゴールのようにとらえている人もいるかもしれませんが、私にとっては、次のステージに進むための通過点に過ぎませんでした。

よく還暦を迎えて、祝いの席で、同僚からお疲れさまの花束をもらっている姿を見かけます。そのときはみんなにねぎらってもらって、楽しい時間を過ごせるかもしれ

ませんが、その後はどうでしょうか。もし、その時点で定年退職をするのだとしたら、翌日は会社に行って仕事をすることもなければ、祝ってくれた同僚と顔を合わせることもありません。祝ってもらったことで、余計に喪失感に苛まれてしまうのではないでしょうか。

人生に特別な1日は必要ありません。それよりも、毎日を100%の力で生きていくほうが、私はいいと思っています。

エピローグ

いい「選択」が、いい人生をつくる

未来をつくる「シンプル」な選択

過去の選択はできないが、未来の選択はできる

自分の人生を振り返ったとき、誰もが一度は「選択を間違えた」と思う瞬間があると思います。かくいう私自身にもたくさんありました。

人間というのは、どうしても、「あのとき、こうしていたら、自分の人生はもっと違ったものになっていたかもしれない」「あんなことがなければ、もっと幸せになっていたかもしれないのに」と、考えてしまうものです。

でも、どうやったって、過去には戻れない。自分の親を替えられないように、過去も変えられません。**過去の選択を正して、人生をやり直すことなどできないのですから、いつまでもクヨクヨと考えていても時間のムダ。**ただ自律神経のバランスを崩すだけです。

そもそも「あんなことがなければ、もっといい人生になったのに」と思っていたと

しても、いい人生になっていたかどうかなど、誰にもわかりません。「神のみぞ知る」なのです。過去の選択が正しかったのか、間違っていたのかなど、本当は死ぬまでわからないのだと思います。

思い出の品にはできるだけ頼らない

では、若い頃の楽しかった思い出に浸って、幸せな気持ちになるのはどうなのでしょう。それも、自律神経を乱してしまうのでしょうか。

たしかに、何かの折にふと思い出す程度なら問題ないと思います。でも、思い出に浸るというのは、たいていの場合、希望がない未来から目を背けたくて、過ぎ去った過去を懐かしんでいることが多いのです。それではつらかった出来事にとらわれているのと大差ありません。

若さというのは眩《まぶ》しいものです。誰だって、若い頃のほうがいいに決まっていますが、戻ることはできません。それなのに、「もう一度、あの頃に戻りたい」と懐かしんでいても、ただ老け込むだけです。

つらいことも楽しいことも、どんな思い出であれ、過去を振り返ってばかりいると、自律神経でいえば、交感神経も副交感神経も下がった状態になってしまい、体調だって崩しかねません。

ですから私は、写真も含めて、思い出の品はできるだけ残さないようにしています。後生大事に持っているということは、過去にとらわれているということ。残さなければ、物理的にスッキリするだけでなく、案外心が軽やかになって、自律神経も整ってきます。何より、地位や財産だけでなく、思い出もあの世へは持っていけないのですから。

大切なのは「これまで」より「これから」

そんな変えられない過去に執着するより、行動を起こせばいくらでも変えられる未来に目を向けたほうが、よほど生産的だと思いませんか。「自分は今まで何をしてきたのだろう」と過去を振り返る時間があるのなら、「自分にはこれから何ができるだろうか」と変えられることを選択していったほうがいいのです。

そう書くと、「先のことを考えると暗澹《あんたん》たる気持ちになる」という人もいるでしょう。でも、それは裏を返せば、なぜ「暗澹たる気持ちになる」のか、その原因を本人が自覚しているということです。それがわかっているのなら、行動を起こしてそこを変えればいいのです。何もしないでそんな気持ちでいることは、ただただストレスを抱え続けてしまうことになります。

たしかに、年齢を重ねていけば、健康や体力に不安が出てきて、なかなか新しいことを始めようという気にはなれないかもしれません。「今さら何をやっても遅い」と諦めている人もいるでしょう。

実際、私自身も50歳ぐらいまでは、「年をとってきたなぁ」と自分の年齢を感じ、過去に目が向きがちでした。ただ、「はじめに」でも書きましたが、残りの時間が限られてくるなかで、「これからどうやって生きていこうか」と考え始めたときに、心の変化がありました。

過去を振り返ってばかりいては、きっと10年後の未来には「10年前にああしておけばよかった」と思っていることでしょう。たとえば10年後に「あのとき、もっと体のことを考えて運動しておけばよかった」と後悔するぐらいなら、今から始めればいい。1日1時間の散歩でも、1駅分歩くのでも、駅の階段を上るのでも、1つでもいいから、健康のためになることを始めてみればいい。できることから選択して、始めればいいのです。

いつまでも若々しい人は、過去など振り返らず、いつも前を向いています。

過去の選択は変えられませんが、未来の選択はできます。そして、**いくつになっても、どんな選択をするかで、その先の人生は変わっていきます。**

迷いをなくす「即行動」のルール

行動を起こすということは、すべて「正」の選択です。自分から行動を起こせば、人生はいいほうに変わっていきます。

もっとも、それがわかっていても、なかなか行動に移せないのが実際のところでしょう。人生を左右するような一大事に限らず、身近なことでもそうだと思います。

たとえば、テレビでおいしそうなレストランが紹介されているのを観て、そのときは「行ってみたいなぁ、食べてみたいなぁ」と思っても、実際に行ってみる人はひと握りなのではないでしょうか。たいていの人は「行ってみたいなぁ」と思うだけです。

たとえメモをとったとしても、「時間ができたら」「近くに行くことがあったら」と、先のばしにしてしまいがちです。

でも、それでは何も変わりません。美術館で好きな画家の展覧会をやっていて、行こうか行くまいか迷ったら、ぜひ行くほうを選択してください。少しでも行きたいと思ったら、迷わず行ってください。

ちょっと面倒臭いなと思っても、行けば達成感が得られます。そうすると、モチベーションが上がってもっと行動したくなり、いい流れに乗っていけます。自分からいい流れをつくることは、自律神経の面から見てもとてもいいことです。

一方、行かないことを選んでしまうと、「行っておけばよかったかな」という気持ちが残って、自律神経が乱れ、どんどん動くことが面倒になってしまいます。そして本当に動かなければいけないときに、身動きがとれなくなってしまうのです。

「先のばし」がストレスを生む

私は、墓参りなどのプライベートな予定も、「行けたら行こう」ではなく、あらかじめスケジュールを決めて、手帳に記しています。そして、その日はたとえどんなに忙しくても、面倒だなぁと思っても、必ず行くようにしています。墓参りの予定を手帳に書いている人は少ないかもしれませんが、そうしておけば、仕事のアポイントと同じように、迷わず行くようになります。

毎年、自分の誕生日に人間ドックを受診する人がいますが、これはとてもいいアイデアだと思います。「一度、検査をしておかなくては」と頭のどこかで思っていても、きっかけがないと、なかなか行く気になりません。でも、誕生日に受診すると決めて予約を入れておけば、忙しかろうが暇だろうが行くはずです。

定期健診も墓参りも、高齢の親に会いにいくこともそうですが、これらは誰が考えてもやったほうがいい選択です。そういう選択は「いつか」と先のばしにしないで、いち早く取りかかるべきだと思います。

物事を先のばしにすると、自律神経が乱れますから、1つもいいことはありません。

日々の生活でもそうです。

たとえば、明日の会議に持っていかなければならない資料があるとします。明日の会議にあればいいのですから、今日カバンに入れておく必要はないわけです。でも、そうすると「忘れないようにしなければ」という気持ちを、ひと晩中持ち続けなければいけませんから、それがストレスになって自律神経を乱してしまいます。寝て起きたら資料のことをすっかり忘れてしまった、なんてことになりかねません。

でも、思ったそのときに動いてカバンに入れておけば、それで終わり。忘れる心配もないですし、ストレスで自律神経が乱れることもありません。

このように、「即行動」は、どんな年代でも「正」の選択です。そして、それは年をとればとるほど、重要度が増していきます。

60歳を過ぎて、モチベーションを上げることは難しいものです。だからといって、「孫の顔を見るのだけが楽しみ」では、長い人生において、あまりにも寂しいことです。とはいえ、誰かが手を差し伸べてくれるわけではないのですから、自分でモチベーションを上げていくしかありません。**「即行動」を意識して、小さなことからでも実践していけば、必ずモチベーションは上がってきます。**

後悔しないために、今できる「最善」の選択をする

職業柄、さまざまな方の死に立ち会ってきましたが、近しい人がいちばん困惑するのは、突然やってくる死です。なんの準備もできていない状態で、急に逝《い》かれてしまい、大変な思いをしている家族をたくさん見てきました。

そういう場面を経験してきて強く思うのは、自分がのちのち後悔しないように、今できる最善の選択をするべきだということです。介護にしても、看病にしても、「もっとこうしてあげればよかった」と後悔することがいちばん残念なことだと、患者さんの家族を見てきて思います。

前の項でも触れましたが、私は、季節の変わり目にはお墓参りに行くと決めて、いつ行くかも手帳に記してあります。そして、その日はどんなに忙しくても、必ず行きます。また、鎌倉に住む義母はひとり暮らしなので、毎週末は、義母の家で過ごすよ

うにしています。週明けは鎌倉から仕事に向かわなければいけないので大変ですが、そうやっていれば後悔はないわけです。

私の父は存命なのですが、そう遠くない将来、別れのときがくるでしょう。ですから、忙しいから会えない、できない、ではなくて、あとあと後悔しないよう、今のうちに父に会って、何をどうするのかも話すようにしています。逝ったあとのこともきちんと決めておけば、心穏やかに見送ることができると思っています。

「幸せか、幸せでないか」で選択を変えない

また、今できる最善の選択をするためには、自分の状態や感情に左右されないことが大切です。それは介護や看病に限らず、すべての場面でいえることだと思います。

自分が幸せなとき、充実しているときというのは、気持ちに余裕がありますから、何事にも前向きで意欲があります。墓参りに行こう、何十年も会っていない友人に久しぶりに会いに行こう、という気持ちにもなります。そして、そういうときはいい流れに乗っているので、駅のホームに向かうときも、「健康のために、エスカレーターで

はなく階段で行こう」と、前向きな行動ができるのです。

ところが、**つらいことや悲しいことがあって、自分が幸せでないときというのは、墓参りも「今はいいや」「やめておこう」となりがちです。**

自分が幸せであれば、結婚した友人に、心から「おめでとう」といえるのに、自分がうまくいっていないと、祝福する気になれず、素直に「おめでとう」の言葉が出てこない。自分の仕事がうまくいっていないときは、友人の活躍も喜べない。何十年かぶりに会う機会があるのに、今の自分を見せたくなくて尻込みしてしまう。そうした経験は、みなさんもあるのではないでしょうか。

でも、再会するチャンスを逃したがために、一生会えないということもあるのです。たとえ気乗りがしなくても、会いに行けば元気をもらって、気持ちが変わるかもしれません。そこまで楽しい再会にならなかったとしても、少なくとも後悔はしないと思います。

ですから、「そろそろ親に顔を見せに行かなきゃなぁ」「しばらく会っていないけれど、元気でやっているかなぁ」、そう思ったら、今の自分の状態がどうであれ、必ず行ってください。自分のことで手いっぱいで、実家に帰るのをついつい後回しにしていたら、突然親が逝ってしまったというケースは決して少なくありません。そうなってしまったら、「なぜ、あのときに会いにいかなかったのだろう」と悔やんでもあとの祭り。会いたくても、もう会えないのです。

自分が今、幸せか、幸せでないかによって、「やる、やらない」を選択するのは、絶対にやめたほうがいいでしょう。のちのち後悔しないためにも、たとえ心身ともに疲れ切っているときでも、**シンプルに「自分が今、最高に幸せだったらどうするか」と考えて行動を選択する**ことが重要なのです。

結婚するなら「1％の迷いもないか」と考える

迷うと自律神経が乱れますから、迷った末の選択というのはどんな選択であれ、あまりいい結果につながらないことが多いものです。

結婚は特にそうです。1％でも迷いがあるのなら、よく考えたうえで決断したほうがいいと思います。

なぜかといえば、結婚というのは、結婚を決めるときがいちばん期待度が高い、つまり気持ちのピークだからです。

結婚したら、そこからは生活が始まります。また、相手の親や兄弟姉妹ともつきあっていかなければなりませんし、子育てを巡って互いの価値観にズレが生じることもあります。

恋愛結婚より、見合い結婚のほうが離婚率が低い理由も、そこにあります。見合い結婚というのは、お互いの家のことなどをある程度わかったうえで、納得して結婚していますから、そもそもの期待度が恋愛結婚に比べて高くないのです。

一方で、長い期間つきあっていながら結婚に至らず、別れてしまうカップルもいます。実はこれにも迷いが関係しています。迷いがなければ、つきあう期間が短かろうが、スッと結婚してしまうものだからです。

もし、何らかの迷いがあるのに、そこにフタをして結婚してしまったら、その後、迷った部分がクローズアップされ、自らの決断を後悔してしまうかもしれません。

迷えば迷うほど、答えはイエスになりがち

結婚に限らず、就職や転職など、大事な選択をするとき、人に相談しようと思ったり占いに頼ろうと思ったりしたら、それは迷っているというサインなのかもしれません。

そして、迷っているときというのは、「イエス」の答えになりがちです。

私も後輩や部下からよく相談を受けますが、だいたい本人のなかで、すでに答えは

決まっています。それを止めてほしいのか、背中を押してほしいのか、どちらかのことがほとんどです。さらにその多くが、背中を押してほしい、つまり、「イエス」の答えを求めているように思います。つまり、背中を押してほしくて相談する人が多いのです。

面白いもので、結婚にしても転職にしても、迷えば迷うほど答えは「イエス」のほうに傾いていきます。

なぜなら、「イエス」の根拠をあれこれ探してしまうからです。でも、理由を探さなければいけない時点で、答えはすでに「イエス」ではないのではないでしょうか。

そんなときは**やめるというのも、1つの決断**です。やめておけば、少なくとも現状維持で、マイナスにはなりません。

それでも、答えを求めて相談するのであれば、止めてもらいたいのか、背中を押してもらいたいのか、どちらを期待しているのか、胸に手を当てて確かめてみてください。それで、自分がどちらを選択したいのかがわかります。

「頑張って」と背中を押してくれた言葉がうれしければ「イエス」。「止めたほうがいいよ」といわれて、ほっとしている自分がいたら、それは「ノー」の答えが出ているということです。

人生において重要な決断を下す際は、「イエス」と「ノー」、両方の選択肢を持ち、じっくり考えることをおすすめします。

ゴールすることではなく、スタートすることを選択する

私は「ゴールを目指す」という言葉が好きではありません。その先がない「終わり」に向かって生きているような気がするからです。

それよりも、**ゴールは新たに「スタートを切る」ための通過点に過ぎないと考える**ようにしています。そうすると明るい未来が見えてきて、気持ちが前向きになるからです。

欧米で多くの人が宗教を心の支えにしているのは、死が終わりではないからです。死はあくまでも通過点であって、その先には死後の世界があると信じているからこそ、最期まで前向きに生きられるのです。

私は、２０２７年の３月31日に大学を退官します。その日が長年在籍してきた大学に勤務する最後の日になりますが、そこをゴールだとは、決して思っていません。あ

くまでも1つの通過点だと考えていますので、おそらく次の日は、新しいステージで、エンジン全開で仕事をしているだろうと思います。そのためのビジョンも、すでに描いています。

多くの人は、定年を迎えるとき、職場のデスクを片づけて、思い出の品を持って会社を後にします。転勤や異動でオフィスを去る人もそうでしょう。それは「終わり」に向けて片づけているからです。

でも、私の場合は次の「スタートを切る」ために、退官までまだ3年近くありますが、前にも述べたように、今から片づけを始めています。

次のステージに迷わず進むためなので、3年前でも決して早すぎることはありません。デスクの上やデスクまわりのものを1つひとつ整理しながら、次の生き方を考え、いるものといらないものを取捨選択しているのです。

定年を新たなスタートに変える

前の章でも触れましたが、そもそも私は人生を「区切る」ことが好きではありません。ですから、おそらく退官の日も、「おめでとう」「お疲れさま」のような儀式はしないと思います。思い出に浸ることもないでしょう。

なかには、定年を人生のゴールであるかのようにとらえている人もいます。そういう人は、定年退職を迎えると、気持ちがガクンと落ちてしまい、結果、病気にもなりやすくなってしまいます。でも、日本人の平均寿命は、男性も女性も80歳を超えました。80代まで生きる人が大半のなか、60歳や65歳を人生のゴールにしてしまって、その先はどうするのでしょうか。

定年の先に描くスタートは、何も仕事である必要はありません。会社員時代には、時間がなくて叶わなかった趣味を極めることでもいいと思います。定年を迎える前から、「今から、自分に何ができるだろうか」と常に考えていると、自分なりの新たなステージが見えてくると思います。そして、そこに向かって少しずつ準備をしていく。そうすれば**未来に希望が持てますから、自律神経が整い、活力が出てくる**はずです。

いくつになっても元気で活躍している人は、定年＝ゴールなどと考えていません。みなさん、ゴールではなくスタートすることを選択して、前向きに生きています。

定年を迎える方たちだけに限ったことではありません。常に今を通過点と位置づけ、次に何をしようかと未来に向かって生きていけば、その先の人生はよりよいものになると思います。

どの選択が正解か、決めるのは自分自身

人生を左右するような選択に迷ってしまうのは、そこに正解がないからです。まわりの人が成功だと思っていても、自分が失敗だと思えば、それは失敗なのです。逆に、**まわりの人からしてみれば失敗に思えても、自分が成功だと思えるのなら、それでいいのです。**

たとえば、将来は社長になるんじゃないかと噂され、とんとん拍子に昇進して、出世街道まっしぐらだった人が、そのコースをはずれたとしましょう。そうすると、周囲は「すっかり出世コースをはずれてしまって残念だね」という目で見るかもしれません。でも、実際はどうなのでしょうか。

出世コースをはずれたことで、夜遅くまで残業する必要がなくなって、家族と過ごす時間が増え、穏やかな毎日を過ごしているかもしれません。ストレスにさらされて

いた日々から解放され、趣味の釣りを満喫できて、以前よりも心身ともに充実している可能性だってあります。もしかしたら、そういう時間がほしくて、自ら出世コースをはずれる「選択」をしたのかもしれないでしょう。

たとえ、意図せずそうなったとしても、本人がはずれてよかったと思えれば、それでいいのです。左遷されたときはショックを受けたけれど、結果的によかったなぁと思えれば、傍目からどう見られようと、それは正解なのです。

家を買う財力があるにもかかわらず、ずっと家賃を払って借家住まいをしている人は、一昔前は「お金があるのにもったいない」「なぜ、家を買わないの?」と思われたことでしょう。でも本人が、家を持って1箇所に縛られるより、いろいろな街に暮らせるほうが身軽で楽しいと思っているのなら、それが正解ということです。

私は、多くの患者さんのご臨終に立ち会ってきてしみじみ思いますが、この世を去るときはみんな、畳一畳。どんなに仕事で成功しても、お金を稼いでいても、それをあの世に持っていくことはできません。地位も名誉も財産も関係なく、最期は等しく畳一畳なのです。

だからこそ、自分自身が、最期に「いい人生だった」と思えるような人生の選択をしてほしいと思います。起こったことをどう解釈して行動するかは、自分次第なのです。

どういう人生を過ごすことが、自分にとっての正解なのか。**他人の物差しではなく、常に自分の物差しで考えていくことが大切です。**

何かを選ぶことは、何かを捨てること

人間というのは、どうしても隣の芝生が青く見えるものです。

「はじめに」で触れた映画『ラ・ラ・ランド』には、大女優になるという夢をつかんだ主人公が、かつての恋人と結婚して幸せな家庭を築いている〝たられば〟のシーンが出てきます。1つの幸せが手に入ると、もう1つの幸せも欲しくなってしまうのが人間の性《さが》ですが、それはきりがないことなのです。

結婚して子どもを授かって幸せを感じていたのに、久しぶりに会った友人が起業してバリバリ働いているのを見ると、つい、うらやましいと思ってしまう。もちろん、なかには仕事もバリバリやって温かい家庭を築いている、幸せすぎる人もいるかもしれません。でも、そんな人はひと握りです。

チャーハンを食べたくて中華料理店に入ったのに、隣の人がラーメンを食べている

のを見ると、それも食べたくなってしまう、なんていう経験は、誰しもあるのではないでしょうか。

でも、まわりに惑わされて、あれもこれもと欲張ると、結局自分にとっていちばん大事なものがつかめなくなってしまいます。

すべては最後に帳尻が合うようにできている

何かを選ぶことは、何かを捨てるということです。

たとえば、身近なところでは、私は持ち物は機能で選ぶと決めています。モノ選びの「軸」は機能ですから、その時点でおしゃれな見た目や格好よさは諦めているわけです。

大企業で働いていたけれど、組織で働くことに息苦しさを感じて、会社員をやめて起業する人、フリーランスという道を選択する人がいます。彼らは安定した収入を捨てて、自分にとって働きやすい環境や自由を選んだわけです。

一方、上下関係に息苦しさを感じつつ、やめずに会社で働いている人は、働く環境には目をつぶって、安定した収入を選んでいるわけです。

自分にとって選ぶべき「たった1つ」は何なのか、自分にとっての「軸」は何かと決めて、ほかはきっぱりと勇気を持って捨てることが大切です。

そうすれば、気持ちが揺れ動くことがなくなります。自律神経を乱すことも少なくなりますから、選んだもののクオリティを確実に上げていくことができます。

これまでたくさんの人を見てきて、そして私自身が経験してきてわかったことは、「人生は、最後に帳尻が合うようにできている」ということです。

1つを得れば、1つを失う。人生とはそういうものです。そう思えば、「たった1つ」を選び、ほかは捨てることができるのではないでしょうか。

「得をしたい」「損はしたくない」と、損得ばかりを考えて、あれもこれもと欲張ると、いい結果は得られないと思います。

人生、「プラスマイナスゼロ」なら大成功

私は、60歳になった頃から、「人生はプラスマイナスゼロ」だと思うようになりました。**人の一生というのは、たとえ今がマイナスでも、いつかはプラスに転じて、最後はゼロになるものなのだ、**と。

「人間、最後はプラスマイナスゼロになるようにできている」

「3回失敗しても、3回成功すればプラスマイナスゼロ」

「プラスマイナスゼロだったら、人生は大成功」

そう思って、日々の「選択」をしています。

たとえば、病気やケガというのは、ふつうに考えれば、「マイナス」の経験ですが、本人次第でいくらでも「プラス」にすることができます。実際、マイナスをプラスに変えたアスリートはたくさんいます。

大ケガをして、1年間、試合にも出られない、ハードなトレーニングもできない日々を強いられるアスリートは、少なくありません。そんなときでも腐らず、イメージトレーニングをしたり、ひたすらビデオを観てフォームをチェックしたりするなど、そのときできる最大限の努力をして、復帰後にそれまで以上の成績を残せるようになったケースはたくさんあります。1年間を棒に振るのではなく、ケガを逆手にとって、これまでできなかったようなトレーニングをし、プラスに変えたのです。

アスリートに限らず、大きな病気を経験したことがきっかけで、体によい食生活を取り入れたり、健康に関する仕事を志すようになったりと、人生を見つめ直し、生き方を変える人はたくさんいます。

「天運」の成せる業だと思えば、自律神経は乱れない

アスリートの話は、自ら選択して、プラスマイナスゼロにした例ですが、その先には「天運」というものがあります。私は最近、この天運をとても感じるようになりました。

たとえば、会社員生活が長い人は、時に意に沿わない人事異動を経験したことがあるかもしれません。また、自分よりも仕事ができない人が出世している、自分ばかり大変な仕事を抱えている、といった不満を感じることもあるでしょう。

でも、**何事にも天運というものがあると思っていれば、何かあるたびに一喜一憂しないですみます。**理不尽なことがあっても、これは天から与えられた運命で、自分にはどうにもならないことなのだと諦め、期待を手放してしまえば、ストレスを感じずにすみます。

日光東照宮の三猿が表している「見ざる、聞かざる、言わざる」は、周囲の人々や些細な出来事に惑わされないで生きていくための究極の教えだと思います。

自分ではどうにもならないことや、他人の評価など些細なことにいちいち反応していたら、自律神経は乱れるばかりです。報われないことがあっても、理不尽と感じることがあっても、それは天運だと思い、余計なことは「見ない、聞かない、言わない」の精神で、目の前のことを1つひとつ、淡々と行っていく。つまらないと思うかもしれませんが、そうすれば自律神経を乱すことなく、心も体も穏やかでいられます。

「いい人生だった」と思える選択をする

人生は、生まれたときから選択の連続です。1つ選択をすれば、そこから枝分かれして、また次の選択がやってきます。そして、そのときに迷うと、自律神経が乱れて、よい選択ができなくなってしまいます。選択は、まさに生きていくうえでの〝修行〟のようなものです。

そんな選択のストレスから解き放たれるからでしょうか。私はたくさんの患者さんの臨終の場面に立ち会ってきましたが、みなさん、最期は本当に穏やかな、いい顔をしていらっしゃいます。

人間は、生まれてきて必ず死ぬ生き物で、それ以上でもそれ以下でもありません。どんな人にも、平等に死が訪れます。何億も稼いでいる人も、貯金が一銭もない人も、世界中にその名を馳せた人であっても、最期は畳一畳。地位も名誉も財産も、あの世に持っていくことはできません。

だからこそ、最期の瞬間に、自分自身が「人生、楽しかったな」と思えるような選択をしていってほしいと思います。

誰であろうと、不遇なときもあれば、幸せなときもあるはずです。いいときと悪いときのバランスを取りながら、最後はプラスマイナスゼロになる。人生というのは、帳尻が合うようにできているのです。

3回失敗しても、3回成功すればいい。「人生はプラスマイナスゼロで大成功」なのだから。そういう感覚で、他人の評価や損得にとらわれずに選択をしていけば、気持ちがラクになります。迷いが少なくなりますから、きっと最期に楽しかったと思える人生になるのではないでしょうか。

医師として、人として、たくさんの方々の人生を見てきて、今、しみじみとそう感じています。

人生の活動源として

いま要求される新しい気運は、最も現実的な生々しい時代に吐息する大衆の活力と活動源である。

文明はすべてを合理化し、自主的精神はますます衰退に瀕し、自由は奪われようとしている今日、プレイブックスに課せられた役割と必要は広く新鮮な願いとなろう。

いわゆる知識人にもとめる書物は数多く窺うまでもない。

本刊行は、在来の観念類型を打破し、謂わば現代生活の機能に即する潤滑油として、逞しい生命を吹込もうとするものである。

われわれの現状は、埃りと騒音に紛れ、雑踏に苛まれ、あくせく追われる仕事に、日々の不安は健全な精神生活を妨げる圧迫感となり、まさに現実はストレス症状を呈している。

プレイブックスは、それらすべてのうっ積を吹きとばし、自由闊達な活動力を培養し、勇気と自信を生みだす最も楽しいシリーズたらんことを、われわれは鋭意貫かんとするものである。

―創始者のことば―　小澤和一

著者紹介
小林弘幸〈こばやし ひろゆき〉
順天堂大学医学部教授。日本スポーツ協会公認スポーツドクター。1960年埼玉県生まれ。順天堂大学医学部卒業後、同大学大学院医学研究科修了。ロンドン大学付属英国王立小児病院外科、トリニティ大学付属医学研究センター、アイルランド国立小児病院外科での勤務を経て、順天堂大学小児外科講師・助教授を歴任。自律神経研究の第一人者として、数多くのプロスポーツ選手、アーティスト、文化人へのコンディショニングやパフォーマンス向上指導に携わっている。主な著書に『結局、自律神経がすべて解決してくれる』(アスコム)、『リセットの習慣』『整える習慣』(日経BP)、『その神経じゃ調子わるくもなりますよ』(小社刊)など多数あり。

「シンプル」な選択《せんたく》が
自律神経《じりつしんけい》を整《ととの》える理由《りゆう》

青春新書 PLAYBOOKS

2023年 9 月25日　第 1 刷

著　者　小《こ》林《ばやし》弘《ひろ》幸《ゆき》

発行者　小澤源太郎

責任編集　株式会社プライム涌光

電話　編集部　03(3203)2850

発行所　東京都新宿区若松町12番1号 〒162-0056　株式会社青春出版社

電話　営業部　03(3207)1916　振替番号　00190-7-98602

印刷・三松堂　製本・フォーネット社

ISBN978-4-413-21204-5

青春新書 PLAYBOOKS

人生を自由自在に活動する――プレイブックス

「なんとなく不調」から抜け出す！
「2つの体内時計」の秘密
八木田和弘
たまっていた疲れの正体は、自覚のない「時差ぼけ」だった！時間生物学でわかった中枢時計と末梢時計の整え方。
P-1188

ドキドキするほど面白い！
文系もハマる科学
五十嵐美樹
『文系もハマる』シリーズ科学版。科学のお姉さんが教える「笑って、泣ける、読む科学」。
P-1189

ずっと元気でいたければ
60歳から食事を変えなさい
森由香子
4000人を超える患者と向き合い、最新の栄養学からわかった「食べ方の分岐点」。
P-1190

とっくに50代
老後のお金 どう作ればいいですか？
長尾義弘
老後が不安な50代の「わたし」がファイナンシャルプランナーに聞く貯金ゼロからの解決策。
P-1191

お願い ページわりの関係からここでは一部の既刊本しか掲載してありません。折り込みの出版案内もご参考にご覧ください。